J L MARTINS

CONSPIRAÇÃO CÓSMICA

1ª edição

ISBN: 978-85-915227-0-5

DIREITOS AUTORAIS:
Fundação Biblioteca Nacional
Registro: 405392 de 31/07/2007
ISBN:978-85-915227-0-5

*O que for a profundeza do teu ser, assim será teu desejo.
O que for o teu desejo, assim será tua vontade.
O que for a tua vontade, assim serão teus atos.
O que forem teus atos, assim será teu destino*

Brihadaranyaka Upanishad IV, 4.5

SUMARIO

Geopolitica redesenhada 07
Joe Campbel 12
Um encontro inesperado 22
Conhecendo Shine 36
Mudando a realidade 50
As Instituições 72
Conhecendo melhor o plano 81
Um modelo no Universo 103
A reunião 112
Quebrando paradigmas 122
Os vórtices 142
Preparação 156
A realidade de um encontro 162
O presente de Shine 170
Resgatando informações 181
Começando a agir 195
A volta 202
Chegando em casa 215

Capitulo I

Geopolítica redesenhada

A industria bélica, foi um dos negócios mais rentáveis do século XX. O grupo de empresas responsáveis por esse setor, movimenta entre; desenvolvimento, fabricação e venda, um volume de dinheiro equivalente a 900 bilhões de dólares anuais.
Através de vultosas doações, esse grupo tem em suas mãos, presidentes de vários países do primeiro mundo, bem como senadores e autoridades que retribuem aprovando leis e orçamentos bilionários, para manterem essas empresas como as mais lucrativas do planeta.
Samuel Blackwell, é o CEO de uma dessas empresas, que supre vários exércitos do mundo com seus produtos de alta tecnologia, chamados de "armamentos inteligentes". Ele é também o presidente de uma seleta e discreta associação, que reúne os maiores fabricantes de armas dos Estados Unidos e Europa.
Black está preocupado.

Com o fenômeno da globalização, um enorme fluxo de dinheiro, outrora restrito aos governos de países ricos e em desenvolvimento, está sendo canalizado para grandes corporações multinacionais que faturam bilhões de dólares vendendo seus produtos para o mundo todo.

O faturamento de empresas como a Microsoft ou a Bayer, é maior que o Produto Interno Bruto da maioria dos países.

O dinheiro está mudando de mãos rapidamente, para setores da economia que eles não podem manipular pois, seus gestores, não precisam e nem dependem de doações para se manterem em seus postos e sim, competência, dinamismo e, principalmente, resultados.

Ele vê um futuro sombrio.

Nos últimos anos, vários empresários considerados como os mais ricos do planeta, doaram suas fortunas para fundações que executam obras assistenciais. Homens como Bill Gates e Warren Buffet, deram um exemplo, que está começando a ser seguido por outros empresários de mesmo porte.

As organizações não governamentais, que tem como objetivo ações sociais e de proteção ao meio ambiente, estão sendo financiadas a fundo perdido, por multinacionais que sempre visaram lucros abusivos. Elas estão crescendo e multiplicando-se de uma forma assustadora.

Governos de países do terceiro mundo, que sempre alimentaram essa indústria bélica, estão cada vez mais direcionando suas ações e, por consequência, seus orçamentos, também para essas realizações, diminuindo significativamente seus orçamentos em gastos militares.

Esse grupo de empresários, que sempre tiveram o controle desse enorme fluxo financeiro, está vendo esse dinheiro ser redirecionado sem poderem fazer nada. Eles não conseguem entender o que está acontecendo.

Acostumados a decidir suas ações para resultados a longo prazo, seus estrategistas estão desorientados.

Apesar dos governos estarem investindo tudo que podem na melhoria das condições de vida de seus povos, a corrupção e a má administração que sempre foi uma característica constante nesses países, está fazendo com que, grandes empresas particulares, acabem assumindo essa responsabilidade social, de uma forma nunca vista.

Financiando hospitais, universidades, e programas sociais, elas estão começando a tomar a frente nas ações que sempre foram funções do Estado e, com isso, tirando seu poder.

A dívida interna dos países ricos e em desenvolvimento está tão alta que, à curto prazo, seus orçamentos mal darão para sustentar suas maquinas administrativas, não sobrando recursos para gastos ou investimentos em saúde, educação e, principalmente, em novos armamentos. O orçamento anual para gastos e investimentos do Ministério da Defesa, está sofrendo cortes substanciais em todos países,

Recentemente, dois dos mais renomados cientistas das industrias de Black que, contratados a peso de ouro, desenvolviam novos produtos, usando conceitos de física quântica, e as últimas descobertas de alta tecnologia, simplesmente, abandonaram seus cargos, paralisando projetos caríssimos, sem uma razão aparente.

Imaginando ser um ataque da concorrência, principalmente de países não alinhados, que sonham em deter esses conhecimentos para terem a supremacia em suas regiões eternamente em conflito, Black incumbiu um assessor de confiança para descobrir o porquê desses desligamentos repentinos.

Após alguns meses de investigações sem resultados, a única relação que ele havia encontrado em comum, é que os dois cientistas que se desligaram, haviam participado de um encontro realizado em São Francisco, onde: físicos, matemáticos, filósofos, religiosos, inclusive o Dalai Lama, se reuniram para debater, os novos rumos da ciência.

O estudo mais avançado sobre física quântica, está fazendo com que, cientistas revejam seus conceitos pois, experiências feitas em laboratório, estão comprovando realidades paralelas interdimensionais que há milênios, já eram explicadas pela espiritualidade e sempre foram negados pela ciência. Chegamos a um ponto de nossa trajetória evolutiva, que essas duas matérias terão que caminhar lado a lado.

Black e seus associados, em uma reunião para discutir essa situação, após muitos desentendimentos e teorias, eles chegaram à apenas uma conclusão:

O mapa geopolítico mundial está sendo redesenhado, e a indústria armamentista não está tomando parte dessa nova divisão.

O mundo está mudando rapidamente e, se não tomarem providencias, eles correrão o risco de se tornarem uma página virada da história.

Empresários acostumados a passar férias em Paris, New York ou Las Vegas, estão indo a Machu Pichu, Yucatan, Stonehenge, Índia, Tailândia. Eles estão trocando diversão por visitas a lugares sagrados, em busca de um sentido mais espiritual em suas vidas.

Black propõe que a única maneira deles chegarem a alguma conclusão, será a de analisar o que se passa na cabeça desses empresários que ganham bilhões de dólares, a doar repentinamente, sua fortuna para obras assistenciais que não dão lucros e sim despesas.

Ficou decidido que, cada um dos participantes, deverá procurar em seu círculo de amizades, algum empresário que esteja enquadrado nessas características, estreitarem essa amizade, para poder extrair alguma informação que sirva como subsídio para que possam montar uma estratégia e poder agir.

Capitulo II

Joe Campbell

Pensando em quem poderia servir para esse trabalho, Black lê uma notícia em um jornal de negócios, que Joe Campbell, empresário de uma das mais agressivas e bem-sucedidas multinacionais de informática, situada em Santa Clara, no Vale do Silício, estava se desligando da empresa por motivos não muito bem explicados, causando grande surpresa no mundo das grandes empresas.

Eles haviam sido colegas de universidade em Berkeley no fim dos anos 60 e, ainda lembrava, das excentricidades de seu amigo que frequentava reuniões de meditações budista, centros xamânicos, falava sobre Castaneda etc. Ele não imaginava que seu amigo viraria um executivo tão bem-sucedido.

Blackwell pede à sua secretária, para descobrir o endereço e telefone de seu antigo amigo.

Em menos de dez minutos, ele já estava com todas as informações necessárias.

O Vale do Silício, tem esse nome, por concentrar a

grande maioria de empresas de informática, que no final dos anos 70 iniciaram uma verdadeira revolução tecnológica no planeta. Hoje em dia, qualquer atividade, das grandes metrópoles aos lugares mais inóspitos, depende de alguma forma, dos produtos de software e hardware que lá foram e ainda são desenvolvidos. O silício é o principal componente desses produtos eletrônicos.

Várias dessas empresas, iniciadas em fundos de garagem, por jovens estudantes, tornaram-se multinacionais com um volume de negócios tão grande, que o mercado de ações, acabou por instituir uma bolsa de valores para empresas de alta tecnologia chamada NASDAQ exclusivamente para negociar suas ações que movimentam bilhões de dólares por ano.

Joe acabara de acordar. Havia uma semana que sua rotina diária mudara drasticamente.

Tenis, jeans e camiseta branca e barba crescida de uma semana. Olhando-se no espelho, ele percebe seu rosto já começando um bronzeado.

No dia seguinte à sua decisão, ele começara a ler seu jornal na piscina que quase nunca usava.

Seus cabelos negros, parecem não se importar com uns fios grisalhos nascendo nas têmporas.

Aos amigos que brincavam com o aparecimento desses cabelos brancos, ele dizia que era um charme adicional da meia idade. As mulheres, concordavam plenamente.

Acostumado a acordar cedo, ele estava se sentindo estranho. Naquela hora do dia, se estivesse trabalhando, ele já estaria em sua terceira ou quarta reunião de negócios.

A decisão de desligar-se da presidência de sua empresa, deixando sua administração para profissionais contratados altamente qualificados, não fora um ato repentino. Ele a havia tomado alguns meses antes, e a preparara discretamente, sem que ninguém soubesse.

O dia do anúncio de sua saída, pegou todo mundo de surpresa. Chris, sua secretária de confiança há mais de vinte anos, teve que ser atendida por paramédicos de plantão, devido a um descontrole emocional. Ela começara a trabalhar com Joe desde o início, quando a empresa tinha somente três funcionários.

Joe, ainda em casa àquela hora, estava começando a sentir falta daquela atividade frenética do dia a dia de uma empresa de tecnologia de ponta, que sempre fora a razão principal de sua vida. Grande parte dos produtos periféricos que usam fibras óticas e equipamentos wireless, que se comunicam sem a necessidade de fios, que inundam o mercado da informática nos dias de hoje, foram desenvolvidos por ele e sua equipe.

Apesar disso, ele tem certeza que tomou a decisão certa.

Com tempo sobrando, ele passa boa parte da manhã, preparando sem pressa seu desjejum.

Com uma xícara de café na mão, Joe abre o jornal na seção de classificados. Sua única preocupação, nesse momento, é anotar endereços de algumas lojas de peças e oficinas especializadas em motocicletas, para poder visitá-las na parte da tarde.

Seus pensamentos estão longe lembrando da época em que passava horas na garagem da casa de seus pais, desmontando e modificando sua motocicleta ou o carro de sua mãe.

O toque estridente do telefone, o trás de volta à cozinha.
— Alô?...
— Joe?.. Joe Campbell?
— Sim...
— É o Black ! Tudo bem?
— Tudo e você...
Ele pensava rapidamente... que Black? Ele não conseguia associar esse nome a nenhum colega da empresa que ele acabara de deixar... seus amigos atuais que eram poucos por sinal. Seria algum advogado da sua ex-mulher? A voz era familiar... muito familiar... É embaraçoso você falar com uma pessoa que o conhece e não lembrar quem é. Black... Ele só conhecia um Black. Mas não acreditava que pudesse ser ele...
Todo mundo sabia quem era Black. Ele havia acostumado a ler noticias nos jornais sobre seu antigo colega de faculdade no mundo dos grandes negócios.
Sempre envolvido em denúncias de fornecimento de armas a países do terceiro mundo, nem sempre de uma forma muito correta, contratos com o ministério da defesa, sendo investigados pelo senado, ele nunca imaginaria que esse Black, iria ligar para ele naquele momento.
Ele arriscou e falou..
— É o Black que estou pensando? — ele queria ouvir mais um pouco da voz que estava do outro lado da linha para ter certeza.
— Sim! Vamos nos encontrar em frente do prédio B?
Os dois riram por um instante...
Encontrarem-se em frente ao prédio B... foi a senha. Nos tempos de estudantes, no final da tarde, eles marcavam encontro em frente ao prédio B que era o dormitório feminino.

Só poderia ser ele mesmo. Sam Black. O poderoso e polêmico Samuel Blackwell. Seu antigo companheiro de festas no campus da universidade, dos estudos em grupo com as garotas que sempre terminavam de formas memoráveis....

— Black! Não acredito! Que prazer falar com você depois de tanto tempo! Eu leio sempre a seu respeito nos jornais. Você é uma pessoa famosa! Famosa e importante...

Joe fala de um modo irônico. Eles haviam sido muito amigos.

— É... Mas nem tudo é verdade. A imprensa sempre exagera... — diz Black meio sem jeito e fingindo achar graça.

— Claro! Com certeza... — diz Joe sem muita convicção.

E Black continua:

— Há muito tempo que não sabia por onde você andava. Outro dia, lendo uma matéria no Wall Street Journal, soube de sua saída do mundo dos grandes negócios, e vi que você mora em Santa Clara. Por coincidência, tive uma reunião aqui em sua cidade, e pedi à minha secretaria para descobrir o número do seu telefone. Estava torcendo para encontrá-lo em casa. Achei que seria uma boa idéia podermos aproveitar minha estada aqui, para podermos nos reencontrar e recordar os velhos tempos...

— Claro! Como você deve saber, eu tenho o meu tempo bem livre de uma semana para cá... — disse Joe em tom de brincadeira.

Nesse momento, Black ficou preocupado. Ele estava ligando de Los Angeles e, Santa Clara, estava a várias milhas de distância. Se Joe resolvesse encontra-lo agora, descobriria sua pequena mentira. Ele não queria que Joe percebesse que iria até lá somente para vê-lo.

Rapidamente, interrompendo seu amigo, ele fala:

— Olha! Vou ter um dia meio corrido com várias reuniões. Meu último compromisso está marcado para as 17:00 hs. Acho que às 20:00 hs estarei livre para podermos nos ver. O que você acha?

— Por mim tudo bem! Conheço um restaurante, que você vai comer a melhor comida mexicana de sua vida.

— Ok! Estamos combinados. Dê-me o endereço e nos encontraremos lá às 20:00hs

— É fácil. Pegue a "El Camino Real" perto do Civic Center. Você logo o vê. É o restaurante mais iluminado, colorido, e o único com nome mexicano.

— Ótimo! Nos veremos lá.

Black desliga o telefone e imediatamente chama sua secretaria pelo interfone:

— Srta Ann! Ligue imediatamente para o aeroporto! Quero o avião pronto para voar no final da tarde. Tenho que ir à Santa Clara para uma reunião importante.

Uma certa excitação toma conta de Black. Ele não vê a hora de começar a entender o que está se passando com o mundo e que ele não consegue perceber. Seu velho amigo, com certeza, lhe dará as primeiras peças desse insólito e preocupante quebra cabeça.

Joe passa boa parte do dia em sua garagem, separando aquele monte de coisas velhas e inservíveis que teimamos em guardar com a certeza de que " um dia iremos precisar..."
Ele precisa de espaço para começar a trabalhar em sua motocicleta.
O restaurante, em um casarão espanhol do início do século, é um dos mais concorridos da região. Famoso por sua comida, está sempre cheio e animado, frequentado principalmente por jovens universitários.

Durante o jantar, com muitas lembranças dos tempos de faculdade, Joe começa a explicar a Black, a razão de sua decisão.

Ele havia se afastado dos negócios, pois estava em uma fase da vida em que se começa a questionar o porquê de tudo aquilo. Ele já tinha muito mais do que jamais sonhara em tempos de escola e, se via impelido a ganhar cada vez mais. Aquela ambição desenfreada em enriquecer, já não era mais o fator principal que o fazia agir impiedosamente nos negócios. Em um dado momento, ele percebeu que estava destruindo concorrentes apenas pelo prazer de ganhar.

Sempre ausente por conta do trabalho, seu casamento havia naufragado. Amigos, lazer, eram palavras que há muito tempo esquecera. Uma das coisas que mais gostava, era de viajar em sua motocicleta pelas estradas da Califórnia. Uma outrora reluzente Harley Davidson, jazia, toda empoeirada, em um canto de sua garagem.

Ele quer dar um tempo em sua vida e resgatar alguns valores que perdeu. Sente-se meio desorientado e não sabe por onde começar.

Blackwell, ouvindo atentamente, começa a se interessar e vê em seu amigo, a oportunidade de conseguir aquelas informações que tanto precisa.

Ele pensa em contratá-lo para seu projeto secreto, mas logo muda de opinião. Seu tino de homem de negócios, sabe identificar o tipo de pessoa que está à sua frente. Essa não seria, sem dúvida, uma boa estratégia pois, nesse caso, dinheiro é o que menos conta. Ele desiste dessa ideia e prefere continuar ouvindo. Quem sabe apareceria outra oportunidade...

Instintivamente, conforme Joe vai contando o que está

pensando, questionando suas prioridades, e querendo dar um novo sentido à sua vida, Black começa a se perguntar: Será esse o tipo de pensamento que originou pessoas a agirem dessa forma, mudando seus hábitos, suas preferências, seu modo de ver o dinheiro? Será que é assim que eles começam a mudar suas consciências, a tal ponto de cometerem essas verdadeiras "insanidades" de doarem suas fortunas para projetos e obras sociais?

O têrmo Desenvolvimento sustentável, significa obter crescimento econômico e lucro, garantindo a preservação do meio ambiente e o desenvolvimento social para o presente e gerações futuras. E isso é a condição principal nesses projetos.

Ele pensa que está indo no caminho certo. Mas como aborda-lo para saber mais sobre isso?

Foi nesse instante, que Joe falou:

— Estou com uma ideia na cabeça. Vou ressuscitar aquela minha moto que você sempre gostou e que está há anos jogada na garagem de minha casa.

— Não acredito! Você ainda tem aquela moto? — diz Black fingindo espanto.

— Claro! — diz Joe com um entusiasmo sincero.

— E quer saber de uma coisa curiosa?

Quando minha mulher e eu resolvemos nos separar, com tantas coisas que tínhamos, uma casa enorme, casa de praia, a da montanha...carros... nada disso eu fiz questão. A única coisa que vinha em minha mente, era não abrir mão de minha motocicleta. E o mais engraçado, é que ela sempre brigava para que eu jogasse fora aquela coisa que, segundo ela, parecia ferro velho.

Quero começar minha nova vida, reformando minha moto, deixando a como nova e fazendo uma viagem. Quero voltar a fazer aquelas meditações que você sempre zombava, lembra? Rever minhas prioridades. É como se eu estivesse precisando me posicionar de um modo diferente em relação ao mundo e a tudo à minha volta. Não sei se vou conseguir isso tão cedo... mas quero começar com essa viagem para pensar sobre isso.

Black ouvindo seu amigo, lhe vem uma ideia como um estalo. Ele toma um gole de vinho, inclina seu corpo para frente e, com os cotovelos apoiados à mesa, começa a falar:

— Joe... é muito importante o que está dizendo. Apesar de o meu trabalho ser um pouco discutível em alguns conceitos, eu também penso nisso. Inclusive, estou tendo uma ideia que acho que devemos discutir a respeito.

— Minha esposa trabalha em uma editora que já publicou vários livros de vivencias pessoais, dessa transformação que eu não entendo muito, mas sei que está acontecendo. Eu o conheço. Sei como você pensava... e isso é o que sempre me atraiu em nossa amizade. Eu sempre tinha pontos de vista diferentes dos seus, mas gostava das suas argumentações em defender o que acreditava. Eu sempre ficava sem poder rebater pois, via que o que você falava, sempre tinha lógica. Lembra-se daquela música que você cantava? The times they are a changing? Pois é meu amigo, estou começando a lhe dar razão nisso também.

Black ajeita se melhor na cadeira e diz:

— Já pensou que isso que você vai em busca, poderia ser relatado em um livro que serviria de referência para outras pessoas que estão nessa mesma encruzilhada da vida?

Você está no momento exato, com as condições certas. Sem trabalho, sem família, nada que o prenda a algum compromisso. Sabe quantas pessoas queriam estar no seu lugar?

Você tem que aproveitar isso!

    Já sei o que vou fazer! Desde já, estou comprando os direitos de publicação de um livro que você nem sabe ainda que vai fazê-lo mas que eu vou convencê-lo a escrever, contando tudo o que você está passando e pensando. Minha mulher vai adorar em saber da novidade. Vou ligar a ela!

    Black tenta com esse ato aparentemente meio intempestivo, selar uma espécie de compromisso com seu antigo amigo.

    Ele tira seu celular do bolso e começa a discar.

    — Calma! — disse Joe rindo. — Eu nem pensei sobre isso! Não sou escritor, e não quero vender e nem comprar nada. Lembre-se que estou fechado para balanço. _ Joe sorri.

    — Mas uma coisa eu lhe digo. Se eu conseguir respostas satisfatórias para tudo o que está me oprimindo nesse momento, que modifique realmente a minha vida, eu escreverei tudo mas não lhe venderei. Esse livro, seria tão caro, que não poderia ser comprado. Eu o daria, com prazer, à sua esposa para ser publicado.

    Joe, diz isso levantando sua taça de vinho e brindando essa descoberta a si mesmo.

    Black retribui sorrindo, percebendo que está fazendo um bom negócio.

    Ao término do jantar, os dois amigos se despedem e Black faz com que Joe se comprometa a entrar em contato assim que tivesse alguma coisa a contar.

Capitulo III

Iniciando a viagem
Um encontro inesperado

No dia seguinte de manhã, com o novo espaço vago em sua garagem, Joe foi às compras. Ao final do segundo dia, começam a chegar as encomendas. Um jogo completo de ferramentas e várias peças para sua motocicleta.
Sem ter outra coisa para pensar ou se ocupar, ao cabo de duas semanas, ela estava pronta para uma nova vida, assim como seu dono.
Com um par de alforjes instalados nas laterais da motocicleta e uma mochila perfeitamente acomodada em cima do para-lamas, Joe conseguira acomodar tudo que ele precisaria nas próximas semanas, com seu novo estilo de vida.
O dia não havia clareado quando ele vestiu sua antiga jaqueta de couro, e acelerou sua moto pelas ruas do seu bairro, ainda sem movimento. O ar frio da manhã, o revigorava com uma sensação gostosa.
Saindo do Vale do Silício, ele dirige-se em direção ao litoral, para pegar a rodovia US 1 rumo a Los Angeles.

Apesar de existirem outras vias expressas, essa estrada, beirando o Oceano Pacífico, tem um visual incomparável. Com trechos no nível do mar e outros por cima de montanhas, esse trajeto, é imperdível para quem não tem pressa e aprecia uma natureza bela e exuberante.

Por várias vezes, Joe parava à beira da estrada, com aquela imensidão do Oceano Pacífico à sua frente, apreciando a paisagem e refletindo sobre sua vida.

Ele tentava em vão, lembrar se de alguma conversa que tivera com seus amigos, que não fosse sobre negócios e dinheiro.

Uma pergunta não saía de sua cabeça. O que pensava nas outras vezes que passara por ali que não percebera a beleza e a poesia de um visual como aquele?

O dia passa rapidamente.

Com o sol sumindo no horizonte, Joe resolve fazer uma parada na próxima cidade.

Carmel é uma das cidades mais simpáticas da Califórnia.

Refúgios de milionários de toda a costa oeste, seus hotéis, oferecem o que há de melhor em conforto e luxo.

Joe escolhe uma pequena pousada para passar a noite. Não gostaria de encontrar ao acaso, algum de seus velhos conhecidos com aquela conversa habitual e enfadonha.

O quarto da pousada era simples mas de muito bom gosto. À cabeceira da cama, um pôster do universo, com a constelação de Plêiades em destaque e com os seguintes dizeres:

"Aqueles que, ao olharem para o céu, não acreditarem na existência de outros seres, iguais ou semelhantes a ele, julgam-se Deus ou, estão negando sua própria existência".

Ao ler essa frase, ele ri e pensa consigo mesmo: — Calma

Joe! Estou tentando entender quem sou para onde vou e o que estou fazendo aqui nesse mundo. Nem pense nisso. Deixe os outros mundos para mais tarde...

Por mais que ele quisesse, aquela frase ficou martelando em sua cabeça até ele conseguir dormir.

Joe acorda cedo pois quer chegar ainda de dia à Santa Mônica em Los Angeles, que é o marco zero da famosa rota 66, sua velha conhecida.

Simbolicamente, era como se ele também estivesse recomeçando sua vida da mesma forma. Do marco zero. Sem programar um roteiro, lugares de paradas etc. apenas ir pela estrada sem saber o que esperar.

No final da tarde, já hospedado em um hotel em Santa Mônica, Joe vai andando em direção ao píer. Ele estava um pouco cansado e resolve fazer um pequeno lanche antes de dormir.

Na sua juventude, havia ali perto, uma lanchonete que durante duas férias de verão consecutivas, Joe trabalhara como garçom.

Ele dizia brincando, que trabalhava lá apenas para comer de graça, os maravilhosos e suculentos hambúrgueres feitos na grelha pelo próprio dono.

Seguindo pela rua, absorto em suas lembranças, ele mal pode acreditar quando se depara, no mesmo lugar de outrora, toda reformada e ampliada, a casa de lanches de seu amigo, Lopez.

Ele entra e vai direto ao balcão. O cheiro dos hambúrgueres é o mesmo. Um rapaz aparentando uns 20 anos, está cuidando da grelha e vários outros funcionários, todos jovens, trabalhavam freneticamente para atender os clientes.

Lamentando por não encontrar seu antigo amigo mas,

contente por estar naquele lugar, ele ocupa uma mesa na parte de fora da casa e pede a um atendente, a sua opção de sempre.

O sanduíche chega em poucos minutos.

O cheiro, o paladar, o burburinho, lhe traz agradáveis lembranças. Onde estaria Lopez? Será que ainda era o dono da casa?

Subitamente, uma voz feminina à suas costas o traz à realidade.

— Não acredito! Joe Campbell comendo seu hambúrguer!

Ele se vira surpreso. Uma jovem mulher, com um sorriso cativante, pára ao lado da mesa, serve-o com uma jarra de suco e diz;

— Essa é cortesia da casa!

— Desculpe me... A srta. me conhece?

— Claro! Você não mudou nada... eu que acho que mudei um pouco... — ela diz pondo a bandeja em cima de sua mesa e rodando seu corpo torneado, graciosamente em frente a ele.

Joe, sem jeito diante aquela bela mulher, fala gaguejando.

— Você... você... Não acredito! Marita?

— Demorou muito a me reconhecer... — ela finge decepção apertando seus lábios de um vermelho intenso.

No instante seguinte, atira-se em direção a Joe com os braços em volta de seu pescoço, sorrindo e beijando o afetuosamente.

— Meu Deus! Você brincava em meu colo. — diz Joe meio atônito. — Eu adorava brincar com você...

— E eu adorava você! Você nem imagina! Passei vários anos da minha vida de criança, esperando chegar as férias de verão, na esperança de que você viesse de novo trabalhar aqui. Quando a temporada começava e você não aparecia, eu chorava por vários dias... Sabia que você foi meu primeiro amor? — Marita diz de uma maneira sincera e divertida.

— Claro que não! Se soubesse, teria vindo só para te ver. — diz Joe tentando ser agradável e meio sem graça com toda aquela sinceridade.

— Eu tinha uns cinco anos de idade. Esperei você todos os anos até a minha adolescência. — ela divertia-se com a reação de Joe.

— Quer saber de uma coisa? — diz Joe feliz com aquele encontro. — Eu procurava sempre chegar antes do meu horário de trabalho, para poder ficar sentado ali no píer conversando com aquela garotinha cheia de vida e de perguntas sobre tudo.

Eu ficava impressionado, com a sua curiosidade, o seu modo de ver as coisas... haviam vezes, que eu voltava à noite para casa, impressionado. Achava graça de suas conclusões. A sua lógica me desconcertava.

— Eu também lembro-me de nossas conversas. Acho que comecei a gostar de você por causa disso. Eu não aguentava perguntar coisas aos outros adultos e receber respostas infantis. Você era diferente. Além de sua paciência, falava-me coisas que lembro-me até hoje.

— Que bom ouvir isso! Apesar de termos convivido tão pouco tempo, fico contente de ainda ser lembrado dessa forma.

— Pouco tempo? Quanto tempo é necessário para que uma pessoa deixe sua marca em outra? O tempo não tem nada a ver com isso.

Joe ... existem pessoas que você convive durante anos. Um dia ela se vai e em pouco tempo você não lembra mais nem seu nome.

Por outro lado, pessoas que sabem tratar os outros com respeito, atenção, não importando a idade ou a condição social, que dizem coisas que fazem você pensar. Pessoas que, em uma conversa de alguns minutos, conseguem passar alguma coisa de bom que te acrescenta, que soma, essas, você não esquece. E você é uma delas.

— Fico contente também, por ver que você tornou-se uma bela mulher por dentro também! — Joe diz isso com uma sinceridade, que até ele próprio se surpreende.

— Pensei que você ainda não havia notado! — diz Marita provocando-o com as mãos na cintura acentuando seu corpo harmonioso.

— E seu pai? Por onde anda? — diz Joe meio ruborizado, procurando rapidamente mudar de assunto.

Joe puxa gentilmente uma cadeira para Marita.

— Hoje é sábado, dia de sua pescaria. Depois que meu irmão aprendeu a trabalhar na grelha, os fins de semana para ele são sagrados. Pesca com seus amigos.

— Quando eu saí da universidade, — diz Joe — Por várias vezes, eu pensei em vir até aqui para propor ao seu pai de fazermos uma sociedade e espalhar seu negócio por todo o país.

— Ainda bem que não veio! — diz Marita sorrindo.

— Porque não? Eu não era de confiança? — pergunta Joe brincando.

Não é isso isso! Você nem imagina, em todos esses anos, quantas pessoas, empresas, grupos de investimentos, quiseram associar-se e expandir o nosso negócio. Papai nunca quis.

— Posso saber por quê?
— Por vários motivos.

Você conhece papai. Para ele, a satisfação de um

cliente em comer seu sanduíche, não tem preço. E ele só tem a certeza que o sanduíche vai sair da melhor forma possível, se ele o fizer. Com uma rede, ele não poderia estar em todos os lugares ao mesmo tempo. Ele não teria a certeza de que todos os clientes ficariam satisfeitos, como ficam aqui.

Ele montou esse negocio, com o objetivo de ganhar dinheiro para suprir todas as necessidades de sua família. E isso, ele sempre conseguiu. Temos uma boa casa, estudamos em boas universidades, nada nos faltou até hoje. Sempre tivemos o suficiente e podemos dizer que somos uma família feliz. Será que multiplicando nosso negocio por dez, cem ou até mil vezes, continuaríamos felizes? Pense bem nisso.

— Marita, há uns meses atrás, eu discutiria esse conceito com você. Mas hoje, acredito que ele tenha razão.

—Você sabe que papai nunca estudou. Mas ele diz uma coisa, que também acredito. Ter mais dinheiro que se possa gastar é estupidez. Além de envelhecer precocemente de preocupação, você desequilibra as coisas.

O dinheiro é uma energia que tem que ficar circulando. Se você o segura e guarda, com certeza vai faltar em algum lugar. Interrompe o fluxo.

E também, se um dia ele perceber que outras pessoas irão fazer o seu trabalho, sua vida perderá o sentido.

— Eu entendo. — diz Joe pensativo.

— E você? O que o famoso executivo de Silicon Valley, Joe Campbell faz por essas bandas? Eu sempre acompanhei sua trajetória, através de jornais e revistas... houve inclusive uma época, em que fiz uma assinatura de uma revista de informática, somente para saber de você... diz Marita, com sua sinceridade habitual.

— Resolvi tirar umas férias. Peguei minha motocicleta e

estou dando uma volta. Não me pergunte para onde vou que eu mesmo ainda não sei. — diz Joe sorrindo.
— Você está só aqui na cidade?
— Sim. Cheguei há poucas horas e....
— Ótimo! Amanhã você já tem compromisso.
— Não posso... tenho que seguir viagem... vou pegar a estrada...
— Amanhã é domingo! Você não vai a lugar nenhum. As estradas estão com muito movimento. Você vai passar o dia comigo.
— Mas... — Joe tenta argumentar sem muita convicção.
— Sem mas!... Eu combinei com uma amiga, de visitarmos amanhã, o Paul Getty Museum. Há poucas horas atrás, ela ligou-me dizendo que não poderá ir e eu decidi ir assim mesmo. Agora, vejo que tomei a decisão acertada. Você será minha companhia. Quer saber mais? Tenho uma convicção de que sua desistência não foi por acaso. Alguma coisa a fez mudar de ideia para que pudéssemos passar o dia juntos. Sempre tivemos uma ligação especial e os nossos destinos não iriam desperdiçar uma oportunidade dessas...

Joe acha graça mas percebe que pode haver um fundo de verdade nisso. Ele concorda.

— Alguma razão especial para essa visita?
— Amanhã quero relaxar. Espairecer um pouco.

Estou terminando meu doutorado em economia e preciso achar um tema para meu último trabalho. Passei as últimas semanas, debruçada em livros, e não consegui achar nenhum assunto que desse para eu fazer uma abordagem interessante, diferente. Estou cansada mentalmente. Preciso desviar minha atenção um pouco, senão enlouqueço. Nada melhor do que apreciar obras de arte e passear pelos jardins daquele museu que eu adoro.

Dez horas da manhã está bom para você? Pergunta Marita intimando-o.

— Bom... Além de deixar-me sem opção, está difícil de resistir a esse convite. — diz Joe fingindo que somente agora estava concordando.

Joe e Marita ficaram ainda por várias horas conversando e relembrando tempos passados.

À noite, já em sua cama, Joe sente certa ansiedade pelo dia seguinte. Ele fica feliz em perceber, que está saindo daquele estado de apatia que o havia acometido desde sua separação.

Durante a semana, a cidade de Los Angeles, parece uma espécie de caos muito bem organizado, onde milhares de pessoas, trabalham freneticamente correndo atrás do modelo americano de sucesso, que é medido não pelo que você é mas sim, por quanto você gasta.

Aos domingos, o mesmo frenesi, se dá por conta do lazer. Com um sol indicando que seria generoso por todo o dia, filas intermináveis de carros, congestionavam todas as freeways, em direção às praias.

Joe em sua motocicleta, cortava caminho entre os carros. Ele não queria deixar Marita esperando.

A entrada do museu estava tumultuada por conta de uma excursão de chineses.

Vendo Joe se aproximando, um integrante de um pequeno grupo, pede a Joe, através de sinais, para que ele tire uma foto de sua família. Solicitamente, Joe observa atentamente as instruções, prepara a câmera, enquanto eles se posicionam sorridentes ao lado de uma placa indicativa com os dizeres : "proibido estacionar". Após a foto eles insistem para que Joe junte-se ao grupo e um dos rapazes bate outra foto com o restante do grupo abraçado a Joe. Poucos metros adiante, uma estatua romana milenar, de um atleta olímpico parece observar.

Marita que já avistara Joe, divertia-se com a cena. Ela vai em socorro a Joe pois o grupo já estava ensaiando uma outra foto, indicando que Joe não conseguiria sair-se facilmente dessa sua nova função de fotógrafo.

Ela pega Joe pelo braço, enquanto o alegre grupo agradece fazendo reverência, e saem rapidamente para se juntarem ao resto da excursão.

Marita o leva para uma entrada lateral de serviço. Por conta dos hambúrgueres do Sr. Lopez, ela tinha passe livre em quase todos os lugares da cidade.

Já nas dependências do complexo, eles caminham pelos jardins que são famosos pela diversidade de espécies e pelo cuidado que são preservados.

A perfeição com que os curadores administram o museu, é uma autêntica homenagem de respeito e admiração à memória de seu fundador.

Marita conhece a fundo, cada obra lá exposta. Ela mostra a Joe suas preferidas, contando suas histórias e particularidades.

Quadros de pintores italianos e franceses de alguns séculos atrás, com cores e uma riqueza de detalhes impressionantes, fazem-nos perder a noção do tempo.

É a primeira vez que Joe se emociona e sente um nó na garganta, olhando uma tela. Marita estava-o ensinando a ver com o coração.

Propositadamente, ela deixa por ultimo, o quadro, considerado por todos os visitantes, como o mais importante do museu.

Em uma das paredes de uma sala, uma multidão se aglomera em volta de um pequeno quadro. Exclamações e suspiros emocionados, são ouvidos pelas pessoas que, pela primeira vez, ficam a poucos metros da obra "Lirios" de Van Gogh.

Joe tenta chegar mais perto pressionando seu corpo entre a pequena multidão. A seu lado, algumas pessoas parecem hipnotizadas de admiração. Ele percebe que Marita se afastara para o lado e o espera com uma expressão meio contrariada.

Após alguns minutos e muitos empurrões, Joe vai a seu encontro e os dois saem da sala.

Caminhando pelo jardim em direção à saída, Joe percebe que Marita ainda está contrariada.

— Se você quiser, podemos esperar a sala ficar mais vazia para você poder ver melhor o Van Gogh. — diz Joe tentando animar sua amiga.

— Eu não quero ver o Van Gogh! Eu já o vi muitas vezes. — diz Marita resmungando.

— E porque você está assim?

— A reação das pessoas me chateia. — diz Marita.

— Como? É natural as pessoas se emocionarem com um Van Gogh. — diz Joe sem entender.

— Eu também acho. Mas eu quero lhe dizer uma coisa: Eu venho sempre aqui. Tem dias que passo horas, parada ao lado daquele quadro, observando as pessoas que vêm admirá-lo e, cheguei a uma triste conclusão.

Elas não vêm para admirar a obra de Van Gogh.

Elas vem apenas, para ver o quadro que custa cem milhões de dólares. Entende o que eu quero dizer? Elas passam ao largo de obras que tocam fundo em nossa alma mas como não sabem o preço, nem prestam atenção.

    A arte, virou uma questão de mercado. Ela é apreciada não pelo que ela transmite e sim, pelo o que ela vale. O mundo hoje em dia, gira em torno do valor financeiro das coisas e não do seu valor real.

    O preço desse quadro, que mede aproximadamente, 70 X 90 cm alimentaria uma pequena cidade do terceiro mundo por vários anos.

    — E Van Gogh quando o fez, o trocou por apenas um prato de comida. — completa Joe pensativo.

    — Marita, você está procurando algum tema para seu trabalho de economia certo?

    — Certo. — diz Marita.

    — Eu acredito que tudo na vida, tem sua lógica e tem que fazer algum sentido.

    — Eu também acho. — diz Marita concordando.

    — Que tal, abordar esse tema no seu trabalho? — pergunta Joe entusiasmando-se com o assunto.

    — Meu trabalho é de economia. E quem paga um preço desses por um quadro, além de ser louco, não tem nada de econômico. Diz Marita brincando com o assunto.

    — Economia. Investimento e lucro. Será realmente uma loucura...? ou uma esperteza?

    — Explique se melhor.

    — Você poderia começar, questionando esse valor.

    Quais os fatores responsáveis para que essa obra valha tanto assim?

    Porque um diamante lapidado, que não tem função prática nenhuma, vale tanto?

    Será que a atuação de instituições como museus,

galerias de arte, ao comprarem uma obra por esse valor com grande cobertura na mídia mundial, não beneficiam a elas próprias?

— Eu acho que não estou entendendo onde você quer chegar. — diz Marita meio confusa.

— Os grandes mercados, são dominados por grupos financeiros. Eles que ditam as regras para obterem os maiores lucros possíveis. O da arte, não foge a essa regra.

— Continue. — diz Marita atenta ao que ele diz.

— Imagine que existam grupos ou instituições, que detém acervos de centenas de obras de arte. Elas foram adquiridas ao longo dos anos e que hoje teriam um determinado valor. Ao pagar um preço exorbitante por uma obra, ela se tornará o valor referência, para a avaliação de todas as outras que, "coincidentemente" pertencem à esses mesmos grupos e, por consequencia, seus acervos, valerão dez ou cem vezes mais.

— Nossa!! É mesmo! tem sua lógica! — concorda Marita.

— E faz sentido! — completa Joe com um sorriso.

— Acho que minha busca pelo tema terminou. Vou trabalhar essa idéia.

Marita dá um beijo na face de Joe, e eles caminham abraçados em direção à motocicleta. Na garupa, enquanto Joe acelera, ela segue feliz observando a sombra dos dois e a motocicleta correndo no asfalto, projetada pelos últimos raios de sol.

À noite, após mais um hambúrguer, desta vez, preparado por Marita, os dois resolvem dar uma volta pelo píer.

O céu estava estrelado e, apesar da noite quente, uma refrescante brisa fria vinda do mar, tornava a temperatura agradável.

Instintivamente, ao passarem por um banco lateral em uma parte de pouco movimento, eles sentam.

— Lembra-se deste lugar? — pergunta Marita.

— Claro! Como poderia esquecer? Era aqui que eu admirava as estrelas e uma pequena garotinha cheia de vida e de olhinhos brilhantes enchia-me de perguntas. — diz Joe sorrindo.

— E eu ainda continuo cheia delas... — diz Marita olhando as estrelas.

— E eu também... essa é uma das razões pela qual resolvi fazer essa viagem.

— Sabe de uma coisa? - diz Marita pensando em voz alta.

Eu acho que nessa busca, podemos pegar a estrada que quisermos que as respostas, as encontraremos dentro de nós.

Ela encosta a cabeça em seu ombro e os dois ficam olhando o horizonte, absortos em seus pensamentos.

Pela vontade de ambos, eles amanheceriam naquele lugar. Porém, Joe programara acordar cedo para seguir sua viagem e, apesar dos convites de Marita para que ele ficasse mais alguns dias na cidade, ele a deixa em sua casa e vai para seu hotel.

Na manhã seguinte, após fazer uma pequena revisão em sua motocicleta, ele passa pelo marco zero da rota 66, cumprindo uma promessa que fizera a si mesmo.

Capitulo IV

Conhecendo Shine

Construída nos anos 30, a rota 66 foi o caminho principal de migração, à costa oeste americana.
O desenvolvimento da industria cinematográfica, mostrando em seus filmes, estórias de um estilo de vida ideal onde, no final, tudo acabava bem, aliado às paisagens maravilhosas do litoral, de montanhas e de desertos, fez com que milhares de jovens inconformados, que viviam no mundo real, no outro lado do país, idealizassem essa estrada como a rota do paraíso e das oportunidades.
Apesar de ter sido descaracterizada pelo sistema interestadual de rodovias nos 80, ela ainda continua na memória virtual de todos aqueles que têm dentro de si, esse sentimento de busca de um mundo melhor para se viver.
Joe acelera sua moto deixando a cidade e suas lembranças para trás.
A noite já vinha chegando, quando as luzes da cidade de Las Vegas iluminaram o horizonte.
Rodando pela avenida principal, os luminosos dos cassinos, tentavam a todo custo, atraí-lo com promessas de dinheiro, carros esportivos e mulheres maravilhosas.
Com total indiferença, Joe atravessa a cidade e pára em um motel à beira da estrada.

Um cansaço gostoso, que apenas as pessoas que tem a estrada como um significado que vai além do fato de somente cumprir distâncias sabem.

No segundo dia pela manhã, desde sua saída de Los Angeles, ele atravessa a fronteira do Estado do Arizona.

Seu proximo objetivo, é a cidade de Flagtaff.

À noite, na estrada, quase chegando em Flagstaff, ele começa a sentir uma espécie de torpor e resolve diminuir a velocidade. Ele pensa em parar no acostamento, para esticar um pouco as pernas. Nesse momento, ele vê uma estranha luz no céu, seguindo sobre uma estrada que saía à direita da principal onde, uma placa, indicava a cidade de Sedona. Ele esquece aquela leve sonolencia.

Joe estava quase passando a entrada quando, em um movimento repentino, já em estado normal de alerta, faz uma curva e entra por ela. Um pensamento rápido e incontrolável de conhecer a cidade, o fez cometer aquela imprudência. Creditando essa ação meio impensada ao cansaço da viagem, ele chega à conclusão que realmente chegara a hora de parar e descansar um pouco. A cidade de Sedona estava a uns 40 km à sua frente.

A estrada estava deserta e, quando ele se dá conta, já se vê às portas da cidade.

Entrando pela avenida principal, estranhamente, Joe sente uma mudança em seu estado de espírito. Era tarde da noite e vários estabelecimentos já estavam fechados. Uma mistura de calma e euforia o conforta. Imediatamente lembra-se de quando era jovem, na noite em que chegara à cidade de Berkeley pela primeira vez. Ele sabia que não voltaria mais para a casa dos pais, e que sua vida iria tomar uma direção, começando ali, uma fase importante de sua vida.

Resolve procurar um hotel. A cidade é pequena e os poucos hotéis estavam lotados por conta de um congresso.

    Começa a rodar pela cidade e, quando já estava prestes a desistir e seguir viagem, uma casa com as luzes acesas e uma placa de Bed & Brakfest, chama a sua atenção.

    Ele pára sua moto em frente ao portão da casa. Embaixo do luminoso principal, um outro luminoso avisa: Temos vagas. Joe suspira aliviado.

    De dentro da casa, vinha o som de uma música.

    Quando toca a campanhia, ele ouve o verso: .... I heard the mission bell... I was thinking to myself.. Era uma de suas musicas prediletas, Hotel Califórnia do Eagles. Ele sorri com a coincidência daquele momento e acompanha em pensamento a letra da musica: ... this could be heaven or this could be hell...

    Uma mulher, aparentando 30 e poucos anos, abre a porta e, com uma enorme simpatia, o convida a entrar.

    Dentro do hall, ela diz:

    — Você estava demorando! Vou lhe mostrar seu quarto. Sei que você está louco para tomar um banho. Faça isso enquanto eu lhe preparo alguma comida. Você gosta de taco com salada?

    Ser recepcionado daquela forma inusitada, o deixou intrigado.

    Como aquela mulher diz que o estava esperando, que ele estava louco por um banho.. e foi fazer um taco com salada, que é sua comida predileta? Seria mais uma coincidência, ou ela era capaz de ler pensamentos?

    A musica continuava tocando... this could be heaven or this could be hell....

    Enquanto ouvia as explicações e normas da pousada, ele

pensava sobre aquela situação e os versos da musica. Aquilo o divertia. Ele sorri consigo mesmo.

Percebia-se que o quarto fora decorado e pintado recentemente. As paredes de cores fortes, contrastavam com uma janela branca de madeira. A mobília, consistia em uma cama de casal, uma escrivaninha rústica, e um pequeno sofá com uma manta indígena jogada por cima. Quadros pintados a óleo, com paisagens do deserto e algumas peças de artesanato, decoravam o ambiente. O teto de fundo azul, tinha uma representação da Via Láctea pintada com tinta fosforescente, que ao se apagar as luzes, brilhava no escuro por algum tempo. Outra manta colorida, esta, bem mais grossa e quente, cobria a cama e dava um colorido especial ao quarto.

Joe sentiu-se totalmente à vontade.

Após o banho, ele veste uma roupa mais confortável. Ao se dirigir à cozinha, o quarto ao lado estava com a porta entreaberta e chama sua atenção. Parece um atelier. Movido pela curiosidade, ele entra.

Em frente à janela, havia uma prancheta com dezenas de folhas de desenho empilhadas de forma desordenada. Algumas estantes cheias de livros de design gráfico, um pequeno sofá e uma mesa de centro com várias revistas.

Em uma parede forrada de cortiça, podiam-se ver, fixados com alfinetes, símbolos de marcas famosas e algumas frases de campanhas publicitárias mundialmente conhecidas.

Uma letra envolta em asas, uma estrela de Davi inscrita em um tetraedro também com asas, a frase: "Just do it" e vários símbolos antigos sumérios, egípcios e maias, que completavam o painel.

Joe observa tudo aquilo e, um estranho sentimento o envolve. Alguma coisa o intriga.

Um barulho na cozinha, tira-o daquele estado contemplativo. Ele sai rapidamente sentindo-se um invasor.

A cozinha era de muito bom gosto. Tinha moveis de madeira tratada, e todos os utensílios necessários tanto para um lanche rápido como para um jantar refinado. Um balcão com espaço para até oito pessoas se acomodarem, dividia o espaço com o resto da casa. Do outro lado, dando para a parte externa, uma porta de vidro bem larga, por onde se podia ver um pequeno jardim muito bem cuidado e um forno à lenha para assar pão.

Ela havia arrumado um lugar no balcão com o taco de carne bem temperada, a salada, uma garrafa de vinho que, coincidentemente, era o que ele sempre tomava, e até uma cestinha de pão com alho para acompanhar. Impossível ser melhor.

Joe não acredita no que está acontecendo. Ele fora casado por quinze anos. Sua mulher, nunca havia dado importância por suas preferências, e ainda o repreendia quando comia pão com alho, que ela dizia ter um cheiro nauseante, não podendo entender como alguém poderia gostar daquilo.

Joe começa a comer. Ele já havia esquecido, como era boa, uma comida caseira, feita com capricho.

Com sua separação, ele havia se especializado em comida congelada e sanduíches plastificados em alguma rede de fast food perto de sua casa.

Enquanto come, ele experimenta vários tipos de sensações.

A comida deliciosa, em uma cozinha com um ambiente extremamente agradável. Aquela linda mulher à sua frente, com olhos de brilho intenso, adivinhando exatamente tudo o que ele gostava, o deixava deliciado e confuso.

Ele não parava de pensar em como ela poderia saber que ele vinha, o que gostava, e tratando-o como se fossem velhos amigos.

Ela, percebendo a confusão que passava por sua cabeça, não falava muito. Esperando pacientemente ele saborear o prato, limitava-se a olhá-lo e sorria deixando transparecer sua enorme simpatia.

Às vezes, Joe a olhava e parecia que havia uma luz irradiando em sua volta. Acreditando que era reflexo da luminária na parede branca à suas costas, não deu muita importância.

Assim que terminou a comida, ela foi à geladeira, e preparou uma sobremesa.

Era um brownnie de chocolate, com uma bola de sorvete por cima.

Aquilo foi demais.

— Isso não pode estar acontecendo! — diz Joe, meio confuso. Acho que dormi na estrada, algum caminhão passou por cima de mim. Eu morri, não percebi e, agora, estou em alguma espécie de paraíso. Não pode ser outra coisa. Ele sorri, encenando um tipo de espanto.

— Rodei por quase toda a cidade em vão, procurando um lugar para passar a noite. No momento que havia decidido ir embora, cruzei pela sua rua, e a placa iluminada da frente da sua casa, chamou-me a atenção.

Quando você abriu a porta e falou comigo, deu-me a entender que estava me esperando. No momento que eu estava pensando em um bom banho para relaxar, você diz que eu deveria estar querendo tomar um banho. Depois, você simplesmente, preparou a comida, e a sobremesa que eu mais gosto. Isso sem falar no pão com alho e no vinho que eu sempre costumo tomar. São muitas coincidências. Tem de haver alguma explicação. — ele fala sorrindo.

Ela diz:

— Depende de como você vê as coisas... eu, prefiro chamar isso de sincronia. É claro que sempre podemos obter alguma ajudazinha... — ela ri, divertida com sua reação.

— Ajudazinha?.. Por acaso você é do FBI, da CIA, do Big Brother? Será que estou em algum desses programas de reality show que filmam a gente a armam essas brincadeiras? Onde estão as câmeras escondidas? — Ele começou a olhar em volta de tudo, simulando a procura de alguma câmera ou microfone. Shine estava divertindo-se muito com aquilo.

— Não esse tipo de ajuda a que me refiro. Essas, são muito limitadas... — e continuou sorrindo...

— Limitadas? Quer dizer então que você tem uma fonte de informação maior e melhor que essas?

— Maior, melhor e ilimitada. Mas por hoje, acho que não devemos nos aprofundar. Você está cansado. Viajou o dia todo e, esse tipo de conversa, poderá levar muito tempo. Você precisa descansar.

Hoje foi um dia muito bom para mim. Trabalhei algumas semanas em uma marca para um cliente e agora de manhã, ele ligou dizendo que gostou muito do meu trabalho e que estava aprovado.

Antes de você chegar, eu já havia decidido a tirar uns dias de folga pois eu mereço. Podemos conversar amanhã se você quiser atrasar sua viagem um pouco...

Ok!. — diz ele concordando. — Mas amanhã, vou querer saber tudo.

— Pode deixar! Prometo não deixa-lo sem respostas. — ela diz isso, juntando as mãos em um sinal de juramento imitando criança.

    Nesse momento, Joe percebeu que estava realmente cansado e com sono. Aquele banho, o havia relaxado e ele estava mesmo gostando da idéia de ir para uma cama e dormir.

    Ele levanta, ajuda a limpar a mesa, e despede-se cordialmente.

    O quarto, com aquele ambiente extremamente agradável, o faz adormecer rapidamente.

    O dia amanhece e Joe acorda com o canto de um passarinho à sua janela. Ainda deitado, ele percebe que havia sonhado a noite inteira. Ele já havia esquecido o que era sonhar durante a noite. O estress do trabalho, da sua vida atribulada, dos seus problemas, fazia com que Joe constantemente precisasse da ajuda de remédios para poder relaxar e dormir. Na noite anterior, com tanta coisa em sua cabeça, ele esquecera de tomá-los.

    Tentando lembrar-se do sonho, imagens vinham soltas, dele conversando com outras pessoas. Era um grupo que, apesar de nunca te-las visto, parecia que as conhecia e que eram amigos. Ele não lembra muita coisa do sonho. Apenas que foi um sonho interessante e que ele estava entusiasmado e feliz.

    Arrumando sua bagagem para seguir viagem, os acontecimentos da noite anterior não saíam de sua cabeça. Será que tudo aconteceu como ele realmente se lembrava? Havia certa magia nas coisas que estavam acontecendo à sua volta. A maneira como ele resolvera entrar naquela cidade, os hotéis cheios, a casa iluminada quando ele já decidira sair da cidade e, quando ele entrou por aquela porta... Ele não conseguia entender o porquê daquilo tudo.

    A mesa estava posta com o café da manhã.

Enquanto saboreava aquele esplendido desjejum típico da região, ele pensava em tudo que aquela mulher havia falado sobre sincronismo... ajuda em obter informações... e ele nem sabia seu nome.

Nesse momento, ela passa pela porta toda radiante e feliz.

— Bom dia! Espero que tenhas descansado bastante.

— Você nem imagina! Estou me sentindo outra pessoa. Quero pedir-lhe desculpas sobre ontem à noite. Acho que fiquei meio confuso com a forma que as coisas aconteceram. Não tive oportunidade de agradecê-la por ter me tratado tão bem e nem ao menos apresentei me e sei seu nome.

— Meu nome Shine. — disse ela prontamente.

— Meu é Joe.

— Olá Joe! Eles riram.

— Quero saber uma coisa. Você entrou por aquela porta, com uma felicidade estampada no seu rosto. Você é sempre assim... Ou tem algum motivo especial?

— Você é um bom observador! É verdade. Tem sim um motivo especial por eu estar feliz.

Hoje de manhã, liguei para a casa de meus avós, e tive boas noticias.

— E você pode compartilhar essa boa noticia?

— Claro que posso! Meu avô é da tribo Hopi. Ele é um tipo de xamã...

— Ele faz curas?

— Mais ou menos. Ele não cura doenças... ele diz que é um curador de almas. Ele trabalha com o espírito das pessoas. Curando-se alma, as doenças somem...

— Deve ser interessante...

— E é! O motivo da minha felicidade, é que uma vez por

ano, ele costuma fazer um ritual chamado de "encontro no outro lado". E eu acabei de saber que amanhã, será um desses dias.

— Você poderia explicar melhor esse ritual?

— Claro! É uma espécie de iniciação. Ele o leva até um local no deserto e, através de um processo que ele aprendeu com seu pai, e que vem sendo passado há muitas gerações, ele o coloca frente a frente com o seu anjo da guarda.

— E isso realmente acontece?

— Com certeza! Os Hopis, sempre fizeram isso.

De uns tempos para cá, esse processo começou a acontecer com qualquer pessoa que estivesse em busca do autoconhecimento, independente de raça, credo ou religião. Por conta disso, meu avô, hoje em dia, faz esse ritual, com todos que o procuram, sendo indígenas ou não.

— Você diz que os índios fazem esse ritual há muito tempo. E só agora, qualquer pessoa pode fazê-lo?

— Sim! A partir do ano de 1987, muitas pessoas, começaram a passar por essa experiência em suas próprias casas, fazendo meditação, ou em estado alterado de consciência.

Esse encontro com seu "Eu superior", anjo da guarda, ou o nome que se queira dar, transformou de tal modo suas vidas, que muitas delas, resolveram relatar em livros, essas vivências. Você pode entrar em uma livraria, em qualquer lugar do mundo, que você encontrará, uma infinidade de publicações a esse respeito. E pode pesquisar. Todas têm sua primeira edição a partir do ano de 1988. Isso é um fato!

— Mas isso é realmente possível? — pergunta Joe meio incrédulo.

— Claro! É um pouco difícil de explicar pois, cada um de

nós, já tem um conceito pré-estabelecido sobre a espiritualidade, que nos foi passada por nossos pais, ou por nossa formação religiosa. Portanto, temos que viver essa experiência para termos consciência que isso é real e tirarmos nossas próprias conclusões.

— Isso deve ser mesmo muito interessante. O que você sentiu em sua primeira vez?

— A mim, pareceu como se eu tivesse saído do meu corpo com minha consciência racional, passasse para um outro plano, e encontrasse um outro "eu" ou, um duplo dimensional meu. É a constatação, de que o nosso ser, é muito mais complexo do que aquela simples imagem individual que vemos refletida no espelho.

— Hum... Deixa-me arriscar um palpite? Ontem à noite, você disse que existiam outras maneiras, não muito "usuais" de obter informações. Meu palpite, é que você usou essa fonte para poder fazer aquelas coisas que me impressionaram. Estou certo?

— Podemos dizer que sim...

— Então esse ritual funciona mesmo! Ele é real...

— Com certeza! Mas veja bem. No seu caso, eu não estou dizendo que meu anjo chegou e falou :

— Olha, está chegando uma pessoa de nome Joe. Trate-a bem e aqui está o cardápio do que ele gosta. As coisas não são bem assim... É mais ou menos assim... — ela riu.

Ontem de manhã, ao fazer minha meditação, senti que eu seria solicitada para fazer alguma coisa. Quando isso acontece, eu não saio procurando ou inventando o que fazer. Eu apenas espero. Se realmente eu estiver sendo solicitada, o que eu tiver que fazer, vai aparecer sem eu procurar.

Pensando desta maneira, eu passei o dia todo fazendo o

que sempre fiz. Arrumando a casa, tudo da minha rotina normal.

Quando saí para ir ao mercado, vi que a cidade estava cheia de gente por causa desse congresso que está acontecendo. Eu acabara de instalar aquela placa na frente de casa e pensei... Vou ter hospede hoje. A partir desse momento, deixei-me levar pela minha intuição, e saí comprando todas essas coisas que preparei para você. No fundo, eu sabia que era isso que eu tinha que fazer... E parece que mais uma vez deu certo.

— Você nem imagina quanto! — diz Joe.

— Esse é um processo, — continua Shine — Que todo mundo, independente do que acredite, deveria passar. Uma vez que você conheça seu anjo da guarda, ou seu "duplo dimensional", ou "Eu superior" você não somente fica com sua intuição aflorada, como também, pode literalmente conversar com ele.

— Bom... Eu acredito que possamos com esse processo, aumentar nossa intuição. Mas, conversar literalmente? Não é exagero?

Shine acha graça do espanto de Joe.

— Eu compreendo que seja difícil de acreditar. Muitas pessoas, após esse encontro, começaram a fazer canalizações escritas, onde recebem mensagens com observações e conselhos para o seu dia a dia, mensagens de consciência e também de ajuda a outras pessoas. Em alguns casos, essa fonte chega a falar dentro de sua cabeça.

A melhor hora para ouvi-la, é de manhã. Experimente fazer o seguinte:

No exato momento que você acordar, ou seja, no primeiro lampejo de consciência, antes de abrir os olhos, relaxe, e fique por alguns minutos, de olhos fechados sem pensar em nada. Não se surpreenda, se você começar a ouvir uma voz, extremamente familiar, dizendo alguma coisa a você.

— Vou tentar! E quando conseguir, você vai ser a primeira pessoa a saber. — diz Joe que continua interessado em saber mais.

— E onde seu avô fará esse ritual? É aqui perto?
— Não é longe... É lá no Canyon.
— Canyon? Que Canyon? Por acaso é no Grand Canyon?
— Exatamente!
— Uau!.. Deve ser uma experiência e tanto! O Grand Canyon sempre me impressionou muito. Perdi a conta de quantas horas já fiquei parado olhando para aquelas formações imensas, sentado na borda daqueles penhascos pensando na vida...

Eu sei como é... Acho que todos nós já fizemos isso. Você gostaria de ir? — disse ela de repente.
A pergunta o pegou de surpresa.

— Não sei o que pensar... Estava decidido a continuar viagem mas, as coisas que aconteceram aqui comigo, nem sei o que dizer... só sei que está despertando alguma coisa em mim e estou realmente curioso em saber aonde tudo isso vai me levar. Estou começando a gostar dessa idéia. Afinal, não é tão longe assim e o passeio vale a pena...

— Ótimo! Se sairmos agora na hora do almoço, estaremos lá no final da tarde. Tenho uns amigos que moram lá perto. Você vai adorar conhece-los e passamos a noite lá.

Com essa pequena aventura combinada, Joe foi abastecer a motocicleta, enquanto Shine arrumava sua mochila com uma pequena bagagem e dois sacos de dormir, para qualquer eventualidade.

Capitulo V

Experiência no Grand Canyon
Mudando a realidade

A viagem foi tranquila e animada. Apesar do calor do deserto, os dois na motocicleta, pareciam duas crianças em um brinquedo no parque.

Shine nunca havia experimentado viajar pelo deserto na garupa de uma potente Harley Davidson.

A casa de Phill e Lisa, é um rancho edificado no início do século passado. Feita em madeira, com a parede frontal em pedra, tem um telhado que avança, formando um espaçoso alpendre cheio de plantas e móveis rústicos. Uma chaminé na lateral, contribui para dar um aspecto aconchegante.

Phill é professor de física na Universidade de Las Vegas. Devido ao seu interesse nessa materia e em especial em física quântica, ele frequenta diariamente a biblioteca do campus desde o primeiro dia que lá chegou como aluno. Lá ele conheceu uma simpática bibliotecária que tinha uma enorme paciência em ficar até depois da hora de fechar para não interromper sua leitura. Acabaram casando. O casamento foi realizado dentro da biblioteca.

Desde então, esse pequeno rancho, herdado por Phill, é onde eles passam os fins de semana, e todo e qualquer tempo livre que tenham.

Eles estavam no jardim, quando ouviram o ronco da motocicleta.

Ao avista-los, Phill faz um sinal, e Joe entra com a moto em sua garagem que já estava com a porta levantada. Ele a estaciona em um canto, os dois descem e começam a esticar as pernas e braços, para aliviar aquele cansaço, de quando fazemos alguma coisa que gostamos e que exija algum tipo de esforço físico. O semblante feliz dos dois, falava mais que qualquer palavra.

— Shine, minha querida! Que bom que você está aqui. Ficamos muito contentes quando você telefonou dizendo que vinha. Entrem que a casa é de vocês!

— Obrigada! Quero lhe apresentar o Joe, meu novo amigo.

— Muito prazer Joe, eu sou o Phill e esta é Lisa minha esposa.

— O prazer é todo meu! Shine falou-me tanto de vocês na viagem, que fiquei curioso em conhecê-los.

Phill abraça Shine carinhosamente enquanto se dirigem ao interior da casa.

— Minha imprevisível Shine! Aparecer do nada aqui em nossa casa, com um novo amigo... Isso só que dizer uma coisa... Ele também faz parte? — Phill faz essa pergunta fingindo segredo.

Shine dá um sorriso e diz:
— Não sei, talvez...

Joe, que caminhava junto aos dois, pergunta intrigado:
— Faço parte de quê? Tem mais alguma surpresa que não estou sabendo?

Ela se diverte com sua reação.
— Calma! — Diz Shine. — Isso você vai ter que descobrir por si só. Uma coisa de cada vez. Mas não fique preocupado que

não é nada muito impressionante.
Phill não pode deixar de comentar:
— Com certeza! Nada muito impressionante... Imagine se fosse... — ele fala em tom de brincadeira.
Joe nem de longe imaginava até onde ele chegaria nessa história.
Lisa havia preparado um lanche e, após acomodá-los em seus quartos, os chamou à mesa.
— Phill e eu estamos muito contentes por vocês estarem aqui. — diz Lisa.
—Fizeram boa viagem? — Seu rosto irradiava felicidade.
— Magnífica ! — diz Shine entusiasmada.
Só que depois de hoje, perdeu a graça, viajar de carro por essas estradas.
— Por quê ? — pergunta Lisa, estranhando esse comentário.
— Por várias razões. Vocês sabem que eu adoro o deserto. Sempre viajo em meu carro, com vidros fechados, ar condicionado ligado e uma boa musica. O cenário maravilhoso, recortado pelo para-brisa do carro, realmente, parece um cartão postal. Porém, o conforto do carro, a temperatura agradável, a musica... Eu me sinto como se estivesse em um cinema ou no sofá de minha casa vendo um filme.
Na motocicleta, a história é outra. O vento no seu rosto, a sensação de liberdade, o cheiro do deserto, é a integração total com o ambiente. É como se você fizesse parte daquilo tudo. É uma experiência única.

Lisa, encantada com aquele relato, olha para Phill e fala:
— Amor....

Phill a interrompe.

— Não! Nem adianta! Não vou comprar uma motocicleta. Você sabe a quantidade de livros que levamos quando viajamos. Não haveria lugar para carregá-los.

Todos acham graça da reação de Phill.

Após a pequena refeição, foram todos para o alpendre. A temperatura estava agradável e o céu exibia as estrelas tão brilhantes que parecia que podiam ser alcançadas com mão.

Phill e Lisa, acomodam-se em uma cadeira de balanço dupla deixando duas confortáveis "long chair"s para os visitantes.

Quase todas as noites, eles sentam após o jantar para conversar nessas cadeiras e ver as estrelas. Na maioria das vezes, eles acabam adormecendo, só acordando pela manhã.

Estando todos bem confortáveis, Phill puxou a conversa:

— Então Joe! Fale-nos um pouco sobre você ... seu trabalho...

— Minha história não é muito interessante. Passei a minha vida sempre trabalhando. Comecei com uma pequena empresa de software no vale do silício, e hoje, graças a muito esforço, ela é uma das maiores do ramo. Mas nada que pudesse ser mais interessante do que ficar vendo esse universo maravilhoso que você tem bem aqui à frente da sua casa ou ouvir, quem sabe, alguma coisa sobre seus estudos em física quântica. Shine disse-me do seu interesse por esse assunto.

Outro dia, em uma conversa com um amigo, soube que essa matéria está revolucionando o pensamento de vários estudiosos em várias áreas e não só em física. Isso é verdade?

— Acredito que sim. — diz Phill começando a gostar de Joe por conta dessa pergunta pois, quem conhece Phill, sabe que essas novas teorias, são hoje a razão maior de sua existência.

É como se tivéssemos que revisar tudo aquilo que

aprendemos ou temos como verdade.
—Nossa! É tão forte assim?
— Pode apostar que sim!
— Você poderia dar um exemplo que um leigo como eu possa entender?

Phill se levanta, vai à frente de Joe, encosta-se no guarda-corpo de madeira que circunda o alpendre, e começa a falar pausadamente e escolhendo bem as palavras:

— Tudo aquilo que sabemos e temos como verdade, deve-se ao fato de, durante toda a nossa vida, recebermos inúmeras informações e, após processá-las, vamos formando o nosso conceito sobre todas as coisas. É assim que construímos a nossa realidade.

Vamos dar um exemplo: Eu estou aqui à sua frente, passando uma informação a você. Nesse exato momento, no seu campo de visão, e à minhas costas, você está vendo uma parte do universo, com milhares de estrelas, planetas, sistemas solares se extinguindo, outros nascendo, e a única coisa que está sendo processada e guardada em seu cérebro é a minha imagem e o que estou falando. O importante é você perceber, através desse exemplo até meio infantil, que seu cérebro filtrou 99,999% das informações que seu campo de visão está recebendo.

— Então, podemos nos perguntar: Até onde a informação que sempre recebemos foi filtrada?

Tem mais outra coisa. A nossa realidade, pelo seu próprio nome, é baseada em tudo aquilo que temos como real.

Vou dar-lhe um exemplo:
Digamos que para você, tudo que é real, é matéria física e palpável. Dessa forma, sua realidade, está totalmente

inserida nessa dimensão. Amanhã eu digo a você, que existe uma dimensão paralela, invisível aos nossos olhos e que a física quântica está conseguindo provar, que é tão real quanto a nossa.

Percebe que a sua realidade, após esse conhecimento não será mais a mesma? E o que foi que mudou?

O que mudou foi que: através de uma nova informação, sua realidade se expandiu. Ficou bem maior.

Podemos então dizer que é a informação que constrói ou define a realidade.

— Meu Deus! Pensando dessa forma, dá até para dizer, que tudo aquilo que sabemos e acreditamos, deve ser, mais ou menos, 0.0001% da realidade que nos é mostrada.

Todos concordaram em meio a muita graça.

Lisa alegremente falou:

— Um brinde ao que não sabemos! Ou seja, praticamente tudo.

Phill voltou ao seu lugar ao lado de Lisa e continuou.

— E isso é só o começo. — disse entusiasmando-se com o rumo da conversa.

— Temos que ter sempre na nossa mente que, existe a possibilidade de a realidade que nos cerca, ser na verdade, muito maior do que imaginamos pois, como você pôde perceber, a vida toda, construímos nossa realidade, baseada em uma pequena parte do todo.

Temos que recomeçar a pensar, quebrando vários paradigmas que estão enraizados em nossas mentes.

Joe, cada vez mais, se interessando pela conversa perguntou:

— E como a física quântica está conseguindo provar isso?

— É aí que as coisas começam a ficar mais interessantes.

— Tudo que sabemos sobre a matéria, foi baseado em experimentos e leis que vão de Archimedes à Isaac Newton. Já na física quântica, as experiências não obedecem às essas leis que acreditávamos que regia toda a matéria inclusive o universo.

Se pegarmos, por exemplo, uma ínfima partícula de fóton, e a soltarmos em um quarto escuro e, se pegarmos vários medidores de onda, e os colocarmos em todo o quarto, todos eles irão medir essa onda. Porém, se pusermos vários medidores de partículas, só um irá medir. Ou seja essa partícula está em todo lugar como onda e, em apenas um, como partícula.

Em um experimento quântico, levam-se em conta, além do evento, as possibilidades e o observador. E eles que definem a realidade.

— Acho que está meio complicado. Diz Joe tentando entender.

— Vou dar um exemplo clássico que explica melhor esse novo modo de pensar:

Imagine que eu ponha dentro de uma caixa de madeira, um gato e um dispositivo com duas cápsulas. Uma com gás venenoso e outra não. Após fechar a tampa da caixa, em alguns minutos esse dispositivo deixará cair aleatoriamente, junto ao gato, uma das duas cápsulas que se quebrará. O gato terá exatos 50% de chance de morrer ou de sobreviver certo? Pois bem. Após alguns minutos, depois que a cápsula caiu, qual é a realidade? Temos duas possibilidades. O gato vivo e o gato morto. E as duas são reais e possíveis. O que vai definir se o

gato está vivo ou não, será quando abrirmos a caixa e observar certo? Ou seja. A observação, tirou o evento do campo das possibilidades e definiu a realidade.

Precisamos perceber, que observar, é a mesma coisa que tomar consciência. Com isso, podemos dizer que a realidade, é um campo infinito de possibilidades que se define através da consciência. É um conceito que pode parecer lógico no primeiro momento. Mas, meditando sobre isso, você chegará à conclusão que a realidade, além de ser definida pela nossa existência, é limitada pela nossa ignorância.

Com essa conversa interessante, não viram o tempo passar até que o relógio da sala avisou que já eram 2 horas da manhã.

Todos se assustaram de como o tempo havia voado enquanto conversavam. Phill animou-se para falar sobre a relatividade do tempo usando aquele momento como exemplo, mas Shine o interrompeu.

— Phill, adoraríamos ouvir sobre isso também mas, marcaremos outro dia. Amanhã temos que ir cedo ao Yaki Point encontrar com meu avô. Precisamos dormir.

Ao que Joe completou.

— Acho mesmo bom! As informações que recebi hoje vão deixar-me pensando por um bom tempo. Acho que não aguentaria mais nenhuma ideia nova. Preciso ainda pensar um pouco mais sobre esses novos conceitos.

Em seu quarto, Shine adormece rapidamente, feliz por estar junto com seus amigos e ansiosa pelo dia seguinte que promete ser muito especial. Joe por sua vez, demorou a dormir. Sua mente estava acelerada.

O dia amanheceu com eles já na estrada.

Shine foi indicando o caminho. Antes de chegarem à entrada principal do Canyon, ela faz um sinal para eles pegarem uma pequena estrada que sai à direita. Percorrendo mais alguns quilômetros, eles avistam, na borda do Canyon um pequeno grupo de pessoas reunidas sentadas em um semicírculo, com um senhor aparentando mais idade, falando alguma coisa a eles. Ao lado, encontravam-se duas mulas com uma pequena carga em seus lombos.

    Eles param a moto perto dos animais. Shine dá um salto e corre em direção ao ancião, com um sorriso que iluminava todo seu rosto.

    — Minha pequena Shine! Eu sabia que você viria hoje.

    — E eu sabia que você estaria me aguardando! — disse abraçando-o carinhosamente. Nesse momento, ela fala alguma coisa ao ouvido do avô.

    Ele balança a cabeça em sinal de concordância e diz:

    — Traga seu amigo e juntem-se a nós!

    Joe aproximou-se do grupo, e o velho fez as apresentações.

    — Esse é o Sr. Petersen. Ao lado está o Sr. e a Sra. Grant, mais atrás é o Dr. Gaudi e eu sou Zo. Todos vieram de longe para estar hoje aqui.

    — Muito prazer! Eu sou Joe e espero não estar atrapalhando a reunião de vocês.

    Ao que Zo disse:

    — Você está aqui porque é aqui que deveria estar hoje. Não se preocupe.

    Todos olharam o casal recém-chegado com simpatia.

    Zo pediu a todos que sentassem e disse:

    — Antes de começarmos, gostaria de dizer mais alguma coisa a vocês.

    — De uma forma ou de outra, todos chegaram aqui por algum motivo. Uns por estudo, outros em busca de um crescimento interior, outros por curiosidade. O motivo não importa. O que importa é a lição que vocês levarão dessa experiência.

Ao perder o contato com a natureza, o homem perdeu a capacidade de se orientar nos momentos de crise, que ele, por suas próprias ações, acaba provocando. O índio quando está perdido no deserto, ele projeta seu espírito de águia, que voa muito alto no céu, e lhe indica o caminho a seguir. Ele usa uma parte do seu ser, que não se pode ver mas ele sabe que existe.

O que vocês chamam de anjo da guarda, é real e está sempre junto de vocês. Aqueles que têm esse conhecimento e acreditam, os ouvem e decidem suas ações de uma forma mais objetiva e certa. Outros, mesmo que não tenham consciência disso, acertam, pois acreditam em sua intuição, que é a mesma coisa. Após essa experiência, vocês terão a certeza de que realmente ele está sempre a seu lado e que, sua intuição, nada mais é, do que ele falando a você.

O objetivo de trazê-los aqui, é para que vocês, além de conhecerem um dos pontos mais bonitos e interessantes da Terra, poderem, através de uma pequena jornada que faremos, pelo interior do Canyon, sentir a natureza, e, esquecerem por um momento, do mundo que os espera quando voltarem à suas casas.

E Zo continua.

— Pela sua grandiosidade, pela energia que um dia foi desprendida para que se fizesse esse Canyon ou, pela sensação de paz que experimentamos quando ficamos desfrutando dessa vista maravilhosa, esse local, induz o homem à reflexão.

Acredito que cada um de vocês, mudará sua maneira de pensar enquanto estivermos fazendo esse passeio. Ao cair da noite, estaremos de volta, para que possam passar pela experiência que todos esperam.

Todos ficaram animados e ansiosos para iniciar a caminhada.

Realmente, Zo tinha razão. Conforme Joe caminhava, e o Canyon ia crescendo à sua frente, ele lembrou de sua primeira vez que foi a New York. Joe nunca havia saído de sua pequena cidade na Califórnia, quando, aos 16 anos de idade, seu tio o presenteara com uma passagem para visitá-lo.

Ao descer do táxi sozinho no meio da 5° avenida, ele correu para dentro do hotel e não conseguia sair à rua, com medo devido à altura dos prédios. Aquilo o oprimia de tal forma que ele sentia até dificuldade para respirar.

Ao começar a descer o Canyon, ele imaginou que sentiria a mesma coisa devido ao tamanho daquelas escarpas. Porém, para sua surpresa, um sentimento de paz o invadia.

Shine, que já fizera aquele caminho muitas vezes, acompanhava de perto o casal Grant, indicando os melhores lugares para vencer os trechos mais acidentados.

Zo, apesar de ser o mais velho de todos, era o que descia com maior naturalidade aquele terreno acidentado. Por várias vezes, ele parava, para que o grupo pudesse descansar, pois ele sabia que aquela caminhada não era fácil para quem não estivesse acostumado.

Em uma das paradas, Joe estava sentado em uma pedra, em silencio, absorto em seus pensamentos, quando Shine, trazendo um cantil com água, sentou-se ao seu lado, dizendo:

— Troco seu pensamento por um gole de água!

Joe sorri aceitando a água.

— Estou aqui pensando, como e quando foi formado esse Canyon. Já estive outras vezes aqui, e já ouvi as explicações dos guias turísticos. Eles dizem que o rio Colorado, através de sua força e, por milhões de anos, provocou essa enorme erosão.

Já passei de avião aqui por cima, e tem alguns pontos que sempre me intrigaram. Se um rio é capaz de fazer uma erosão desse tamanho, porque outros rios não o fizeram e só esse? Não há montanhas aqui perto! Os arredores do Canyon são planos. Como o rio teria tanta velocidade para acumular a energia para fazer isso? Outra coisa. Você já viu a extensão do Canyon? Onde foi parar toda a terra levada pelo rio? Se o rio cavou um buraco desse tamanho, a terra que saiu daqui, deveria estar em algum lugar.

Shine achou graça da observação de Joe.

— Quer saber de uma coisa? Nunca havia pensado nisso. Está aí uma coisa que podemos pesquisar. A única coisa que eu sei, que Zo disse-me já algumas vezes, é que a origem do Grand Canyon e do povo Hopi, estão muito ligadas.

Ao chegarem no fundo do Canyon, Zo montou um pequeno acampamento à beira do rio. Com uma pequena rede de pesca, em poucos minutos, já estava sendo preparado dois peixes de um bom tamanho e vários "crayfishes", uma espécie de lagostim de agua doce muito apreciado naquela região. Legumes e frutas secas, acompanhavam aquela autentica refeição indígena. Sabendo que aquela caminhada havia aberto o apetite de todos, ele falou:

— Espero que vocês não se desapontem com essa comida que, apesar de parecer leve, tem proteínas suficientes para repor nossas energias. A experiência que vocês vão passar mais tarde quando voltarmos ao acampamento, será melhor aproveitada se vocês estiverem com a digestão feita, o que não acontecerá se comerem alguma coisa mais pesada como carne por exemplo. Portanto, bom apetite!

Com a fome que estavam, o almoço foi bem recebido e muito elogiado por todos.

A subida do Canyon, foi tranquila e podia-se notar uma certa ansiedade do grupo, que só pensava no ritual que a muito todos esperavam.

Ao chegarem ao acampamento, para surpresa de todos, haviam outras pessoas à espera deles. Eram cinco índios, uns jovens e outros mais velhos, que pertenciam à aldeia de Zo, e que o ajudavam nesse ritual. Eles haviam preparado uma fogueira, e trazido alguns tambores para serem usados durante a cerimônia.

Com a chegada da noite, estavam todos ansiosos para passar pela experiência. Não havia lua. A única luz que irradiava no local, era da fogueira que agora se encontrava acesa e das estrelas que pareciam mais brilhantes que em qualquer outro dia já visto, contribuindo para que aquele momento parecesse mágico.

Por volta das nove horas da noite, deu-se início ao ritual.

Um misto de euforia e apreensão, tomou conta de todos.

Zo indicou o lugar para que cada convidado ficasse, intercalando com seus ajudantes, fazendo um círculo.

Em um dado momento, Zo pediu para que todos ficassem em silencio, e a um sinal, seus companheiros começaram a tocar os tambores de uma forma cadenciada e não muito alto.

Aquele som dos tambores, cada um em um tom, relaxava as pessoas, e as faziam esvaziar seus pensamentos.

Estavam todos em pé, olhando para Zo, apenas esperando.

Após alguns minutos com esse som, Zo chamou primeiro Joe, para que ele se posicionasse à sua frente.

Joe, meio tenso, pois não sabia o que lhe esperava, avançou por dentro do círculo e se posicionou à frente de Zo.

Zo o pega pelas mãos, e começa a oscilar levemente,

parecendo que estivesse entrando em um leve transe. Joe, sente uma energia que emana de Zo que alivia a tensão, ficando mais relaxado.

Nesse momento, o som dos tambores começa a ficar mais alto e Zo puxa Joe para junto de si. Abraça-o fortemente e começa a entoar um mantra indígena.

Talvez pelo inesperado ou, pela atmosfera solene daquele momento, aquele mantra entrava pelos ouvidos de Joe e das outras pessoas de uma forma inimaginável.

Zo ficou abraçado com Joe, por alguns minutos, e sempre entoando aquele mantra.

Em um dado momento, os tambores começam a diminuir a cadencia das batidas até parar. Nesse momento, Zo solta-se de Joe, olha-o firmemente, abre um largo sorriso e diz:

— Seja bem vindo! É uma honra para mim, ser apresentado a você.

Joe, fica estático em frente de Zo. Sua fisionomia está serena, mas parece que seus pensamentos não estão muito em ordem, para ele saber o que fazer. Shine, percebendo o que está ocorrendo, vai até ele, pega-o pela mão e o leva de volta ao seu lugar. Ela quase não se controla de contentamento, pois tem certeza que a experiência de Joe foi completa.

Com Joe já em seu lugar, os tambores recomeçam e os outros integrantes do grupo são chamados um a um, e a mesma sequência se repete com todos.

Ao término da cerimônia, Zo e seus ajudantes, entoam um mantra de agradecimento, fechando a reunião.

Após isso, todos vão até uma pedra, onde estava arrumada, em cima de uma manta, uma garrafa térmica com chá e algumas tortillas de milho.

Os convidados estão todos calados, envolvidos em seus

pensamentos. Parece que a experiência fôra muito forte, e eles necessitam de um tempo para avaliar aquilo que aconteceu.

Shine que já passou por isso várias vezes, diverte-se com a reação deles. Os índios estão alegres, por terem propiciado esse momento a todos.

Aos poucos os convidados começam a voltar ao normal. Suas fisionomias estão radiantes e seus olhos brilham de contentamento.

Eles começam a falar de suas experiências todos ao mesmo tempo.

Somente Joe continua calado. Shine o observara desde que acabou a reunião. Fazia uns quinze minutos que Joe estava sentado em uma pedra, caneca de chá na mão, olhando para as estrelas, perdido em seus pensamentos. A caneca continuava cheia e o chá já havia esfriado.

Shine, pega uma caneca, serve com chá quente, e vai até ele.

— Joe, acorda! Volte para a Terra! Dê-me seu chá e tome esse que ainda está quente.

Joe volta-se a ela, e aquele rosto amável e sorridente o traz à realidade.

—Obrigado! Acho que é você meu anjo da guarda. — disse-lhe carinhosamente.

Shine está curiosa em saber como foi sua experiência.

Quando Joe ia começar a relatar, Zo aproxima-se, abraça Shine e diz:

— Minha preciosa Shine! Sei que seu amigo tem muita coisa interessante a pensar e a contar. Talvez você tenha que ajudá-lo a montar esse quebra cabeça que está se formando em sua mente.

É uma pena que nós tenhamos que voltar para a cidade

pois meus convidados não estão preparados para passar a noite aqui.

Zo despede-se de Shine, olha para Joe, levanta sua mão direita, e diz solenemente:

— Foi uma honra conhecê-lo. A partir de agora, você está sobre a nossa proteção. Vá em paz e faça a sua parte.

Foi a primeira vez que Shine vira seu avô falar dessa maneira tão solene. Joe, ao ouvir aquilo, não sabe porque, ficava pensando naquela frase, de propaganda de uma marca mundialmente famosa de artigos esportivos... " Just do it" .

Após a partida do grupo, eles continuaram sentados sobre a pedra e Shine, não se contendo, falou:

— Agora você vai contar-me tudo em detalhes.

— Está difícil. Nem sei por onde começar. — diz Joe sorrindo.

Shine não consegue esconder sua ansiedade e começa a bater de leve no braço de Joe, fingindo violência e ameaçando-o.

— Você tem que me contar tudo! Senão vou ter que te dar uma surra! — diz rindo.

— Está bom! Está bom! — diz Joe levantando levemente os braços, rendendo-se à brincadeira.

— Vou tentar contar tudo, da forma que eu vi e senti.

Joe começa a falar, procurando lembrar-se de todos os detalhes e, ao mesmo tempo, tentando entender o ocorrido.

— Depois que fui apresentado a seu avô e seu grupo, começamos a conversar e, em pouco tempo, tive a sensação de que éramos velhos amigos. Parecia que nos conhecíamos há muito tempo. Sou uma pessoa um pouco tímida e sempre demorei a ficar à vontade diante de pessoas recém conhecidas. Mas com eles foi diferente. Nunca havia sentido isso. Mas como ali, era tudo novidade, não dei muita importância ao fato. Agora, quando nos despedimos, eu quase tive um surto. Lembrei-me que ontem à noite, eu tive um sonho em que eu encontrava pessoas, que eu, Joe, nunca as tinha visto. Mas no sonho, elas eram muito familiares a mim, como se fossemos velhos amigos. Era muito estranho. Mas, como foi um sonho, achei que era normal. Agora, ao nos despedirmos, eu lembrei. Eram eles que estavam no meu sonho. Fiquei sem saber o que pensar. E também um pouco assustado com tudo isso.

Mas, vamos lá, o mais impressionante está por vir.

No momento que começaram a tocar os tambores, eu senti uma onda de energia passando por mim, fazendo-me relaxar. Meu raciocínio começou a ficar mais lento e, nesse momento, seu avô chamou me. Fiquei sem saber o que fazer e fui à frente dele. Quando ele pegou-me pela mão, meu relaxamento foi total e eu fechei os olhos. Cheguei a assustar-me quando ele abraçou-me, pois eu não esperava. Naquele momento, pensei comigo mesmo: Bom... Acho que é agora! Vou colocar-me mentalmente à disposição e deixar acontecer.

Quando ele começou a entoar aquele mantra, ele estava abraçado a mim e seu rosto colado ao meu. Meu ouvido, estava bem perto de sua boca e eu ouvia aquele som bem alto e sentia ele entrando no meu corpo todo. De repente, alguma coisa não estava certa. Eu comecei a ouvir aquele som, como se ele estivesse muito longe de mim. Aquilo confundiu-me... Eu sabia que ele estava ali muito perto, mas sua voz parecia que estava muito, mas muito longe. Nesse momento, eu não estava mais ali. Comecei a olhar ao meu redor, e eu estava lá embaixo no Canyon, em uma ravina. Interessante que tinha luz como se fosse dia. E eu realmente estava ali. Em corpo e espírito. É como eu estou aqui com você agora. Eu não tenho dúvidas.

Shine ouvia atentamente o que Joe falava, no maior silencio para que seu amigo não deixasse escapar nenhum detalhe. Ela absorvia cada palavra do relato, como se estivesse em um banquete.

— Eu estava ali, em pé naquela ravina, quando sinto alguém se aproximando pelo meu lado direito. Comecei a arrepiar-me dos pés à cabeça. Senti uma espécie de medo, e ao mesmo tempo, uma euforia. Meu raciocínio estava normal. Eu tinha consciência que estava ali naquela ravina, e ao mesmo tempo, estava junto com os outros lá em volta da fogueira. Nesse momento, passou pela minha cabeça, se eu poderia estar em perigo. No mesmo instante, você veio em meu pensamento, e a sua imagem olhando e rindo para mim, acalmou-me. Alguma coisa me dizia que você estava ali e não deixaria nada acontecer comigo. Eu sentia a sua presença ao meu lado. Resolvi pôr-me à disposição e não questionar. Apenas deixar acontecer.

Esse Ser, colocou-se ao meu lado e, imediatamente, eu senti uma energia e um sentimento difícil de explicar. Era como se eu conhecesse aquela pessoa a minha vida inteira. Eu imagino um sentimento igual de um bebê quando vê a mãe pela primeira vez. Uma coisa muito familiar. Não dá para explicar. Bom, mesmo com tudo isso, eu não conseguia olhar para ver seu rosto. Eu tive medo. Não sei do quê, mas tive.

Nesse momento, começamos a andar, e paramos em frente a uma parede da ravina, onde tinham vários desenhos pictóricos que me pareceram muito antigos.

E ele falou:

— Pela sua formação e por tudo que aprendeu até hoje, você não se contentaria com uma explicação que não lhe satisfaça racionalmente. Uma explicação, tem que ter lógica. E é isso que gostamos em você.

Você questionou sobre a origem desse lugar e o que lhe explicaram não o convenceu. É por isso que estamos aqui.
Esses desenhos, contam a história desse lugar.

Em um passado bem mais distante que você possa imaginar, havia uma civilização, de índole conquistadora e, por conta disso, viviam guerreando. Conforme eles foram evoluindo tecnologicamente, começaram a querer conquistar e dominar outros mundos. Foi nesse momento, que o Conselho da Confederação, mandou uma missão, para adequar esse povo à uma ordem já pré estabelecida. Eles foram perseguidos por toda a galáxia e, esse local, foi o palco do confronto final entre essas duas forças. A energia desprendida foi tão intensa que desintegrava tudo que estivesse à sua volta, razão pela qual existe esse lugar até hoje.

Com esse povo guerreiro dominado, optou-se por deixá-los aqui para que eles iniciassem um novo processo de evolução, já com uma consciência voltada para a paz. Para isso, os confederados, pegaram os sobreviventes, e colocaram em volta de suas cabeças, uma fita metálica que bloqueava seus pensamentos de violência. Eles tinham que, como seres cósmicos, que todos nós somos, resgatar o sentimento de amor universal que é o objetivo de toda a evolução.

A energia de guerra que pairava nesse local, foi transformada, através de um mecanismo cósmico, de bipolarização, em uma energia de paz que perdura até hoje. Esse sentimento que você está experimentando, é decorrente disto.

Os índios Hopi, são remanescentes desses guerreiros, e você pode ver que eles são sempre pela paz. A bandana que eles usam na cabeça, é uma lembrança daquela fita metálica de outrora.

Como eles não conseguiam externar seus sentimentos, através de suas ações, pois ficavam confusos por causa da fita, eles passaram a pintar o corpo e principalmente o rosto, numa tentativa de dizer o que estavam sentindo através da pintura que modificavam suas expressões, pois essa era a única forma de se manifestarem.

Sei que você não estava esperando um encontro dessa forma e nem com esse tipo de informação. Mas, se temos que começar de alguma forma, porque não dessa?

Nesse momento, Joe interrompe sua narração e diz.

— Shine, eu realmente, não esperava essa experiência desta forma. Mas foi muito real e lógico para mim. Eu fiquei sem saber o que pensar.

O mais interessante, que conforme ele ia falando, eu via um filme em minha cabeça, como se eu estivesse lá naquela época. Sou capaz de narrar em detalhes a você toda a guerra. Essa é a experiência mais incrível que eu já passei. E você é a culpada por isso. Disse lhe rindo.

Eu queria ver meu anjo da guarda, e acabei assistindo um filme tipo guerra nas estrelas. Não sei o que pensar.

Shine estava muito feliz. Tudo levava a crer que seu amigo também fazia parte do plano.

Os pensamentos de Joe estavam acelerados.

— Eu preciso começar a repensar tudo na minha vida. Eu sinto que todas as minhas indagações, tudo aquilo que eu acredito, e que aprendi, sobre quem somos, de onde viemos e o que fazemos aqui, vai sofrer uma grande reviravolta. Eu sempre desconfiei das explicações prontas que nos são passadas por instituições, acima de qualquer suspeita. Eu sempre fui meio reticente, porque essas instituições sempre se intitularam como donos da verdade mas, suas explicações,

nunca me satisfizeram totalmente..
   Nesse momento, Shine concordando com Joe, completa:
   — É verdade. Até o final dos anos 90, os astrônomos do mundo inteiro, eram unânimes em dizer que era impossível a vida fora da Terra, pois eles diziam não existirem planetas nesse universo de bilhões de estrelas, além do sistema solar. Do ano 2000, para hoje, já foram encontrados e catalogados, centenas de planetas, descobertos em outros sistemas solares. Chega a ser cômico. Após mais de trinta anos que o homem conseguiu chegar à lua, a comunidade científica internacional se reúne para debater sobre a inclusão de mais três planetas aqui no sistema solar, bem embaixo do nariz deles.
   A civilização suméria, extinta há alguns mil anos atrás, deixou entalhado em pedra, a descrição do sistema solar com doze planetas, com suas órbitas, que hoje estão se comprovando. São esses cientistas, que nunca deram crédito, a qualquer conhecimento deixado por outras civilizações, que nos explicam, com teorias aceitas como verdade, a criação do universo, da vida e tudo mais. E ninguém questiona, devido à força que suas instituições têm.
   — É verdade! — diz Joe. — E uma explicação errada, colocada de forma definitiva como essa por exemplo, distorce a realidade, bloqueando a mente de todos aqueles que buscam o real conhecimento, retardando e até bloqueando a sua evolução.
   E Shine, pensa em voz alta:
   — Quantas mentes brilhantes, foram cerceadas por conta desses paradigmas. Eles precisam ser quebrados com a maior urgência, para o bem da humanidade. Percebe que fazendo isso, estaremos mudando a nossa realidade?
   Nesse momento, Joe estende os dois sacos de dormir

que levava em sua bagagem ao lado da fogueira que ainda queimava. Eles se acomodam e continuam conversando por mais um tempo.

    Shine, começara a falar sobre alguns de seus amigos que também compartilhavam de suas idéias, quando percebe que Joe dormia profundamente. Ela o cobre com uma manta, e adormece a seu lado.

    Quando Shine acorda de manhã, Joe já havia arrumado a bagagem na moto e esperava, pacientemente, ao seu lado.

— Vamos que o café nos espera!

Shine olha em volta, e a única coisa que vê é a moto a poucos metros de distância, pronta para partir.

— Adoraria! Só que não estou vendo nenhuma mesa de café por aqui. Ela diz fingindo estar confusa...

Joe ri e diz:

— A três km daqui tem um hotel, tenho certeza que nossa mesa estará lá nos esperando.

Shine alegremente concorda. Ela se levanta, ajeita um pouco seus cabelos, estica os braços espreguiçando-se e rapidamente sobe na motocicleta.

Capitulo VI

As instituições

O hotel à beira do Canyon, é um dos mais procurados daquele lugar. Todo feito em pedra, tem um terraço com uma pequena mureta também de pedra, onde os visitantes ficam por horas olhando para aquela enorme erosão de terra em vários tons de vermelho, laranja e marrom, constatando talvez, o quão pequeno ele seja, mediante aquela misteriosa e poderosa força responsável por aquela impressionante ocorrência da natureza.

O restaurante, fica em uma das laterais do prédio, com enormes janelas, de frente para aquele visual maravilhoso.

Todas as mesas estavam ocupadas e uma fila com umas 30 pessoas aguardavam a vez. Meio desanimados, mas com fome, resolvem esperar na fila. Após menos de um minuto de espera, uma atendente chega até eles e pergunta:

— São só vocês dois? Sigam-me, por favor.

Joe pergunta:

— Mas e essas pessoas que estão à nossa frente?

— São grupos maiores e a mesa disponível é para duas pessoas. — Responde a atendente virando-se imediatamente e fazendo com que eles a sigam.

Ela os conduz até uma pequena mesa, bem em frente

de uma das cobiçadas janelas.

— Estou começando a acreditar em anjos da guarda. Só não sei se foi o meu ou o seu que nos arrumou esse presente. — disse Joe a Shine, que sorri divertida com tudo aquilo.

E Shine completa:

— Talvez seja porque você disse que a mesa estava à nossa espera. E estava mesmo...

— É verdade! Devemos agradecer aos nossos anjos.

— E tomar cuidado com tudo que falamos ou pensamos pois, de repente, elas podem se tornar realidade. — diz Shine divertida.

Há muito tempo que Joe não se sentia tão bem. Os últimos anos de sua vida, haviam-no deixado totalmente sem rumo e sem uma razão para continuar vivendo daquela forma. Ali, naquele momento, ele percebeu que sua decisão de romper com tudo aquilo, foi a coisa mais acertada que ele pudera ter feito.

Pensando em tudo que ele havia passado nas ultimas horas, ele diz:

— Shine, quando saí de Santa Clara, a minha intenção, era fazer uma viagem, sem compromisso, sem roteiro, enfim, apenas sair rodando com minha moto pela estrada e tentar por minhas idéias em ordem.

Mas as ultimas 48 horas, desde o momento que resolvi entrar por aquela estrada e conhecer sua cidade, tanta coisa aconteceu, que eu ainda não consegui digerir tudo. Eu sinto como se eu tivesse passado os últimos anos de minha vida em câmara lenta e, a dois dias atrás, alguma coisa destravou e os acontecimentos começaram em um ritmo super acelerado.

Shine ri e diz:

— Mas essas coisas são assim que acontecem.

— Essas coisas? Que coisas? Isso tem a ver com aquela pergunta do Phill, que não me sai da cabeça, de eu fazer parte de um plano? Que plano? Você vai poder explicar-me agora? Ou vai deixar-me mais confuso do que já estou.

Shine, divertindo-se com o jeito de Joe, resolve falar alguma coisa para diminuir sua ansiedade.

— Tudo bem! Digamos que aquela noite que você entrou por aquela estrada, não tenha sido uma decisão somente sua e sim, que você tenha sido direcionado para aquele lugar e para a minha casa.

— Mas como esse tipo de coisa pode acontecer, e porque à sua casa?

— Porque esse é meu trabalho.

— E qual é o seu trabalho? Pelo que sei, seu trabalho é de design gráfico, criando logomarcas e coisas desse tipo. O que tem isso a ver comigo?

— Os símbolos que eu desenho, funcionam como um gatilho, que despertam a mente de algumas pessoas, para que elas possam exercer sua real função. No seu caso, parece que resolveram que eu desse umas aulas particulares... — ela sorri.

— Oh meu Deus! Eu sinto que agora eu vou ficar confuso de vez.

— Joe... Existe um plano. Ele é real, está em andamento e você faz parte disso. As pessoas estão vendo, mas não estão percebendo. De certa forma isso é até bom, pois podemos trabalhar mais à vontade.

— Por acaso, isso tem a ver com a minha visão no Canyon, de uma batalha interplanetária?

Os olhos de Shine brilham de uma intensidade diferente.

— Tem tudo a ver! Só que agora a batalha é de outra forma. Sem confronto.

— Eu não sei se estou preparado para ouvir ou inteirar-me disso.

— Se você não estivesse, não estaríamos aqui agora conversando.

— É... Acho que você tem razão. Mas por favor, vá devagar. Quando eu resolvi fazer essa viagem, era para arrumar a minha cabeça. E não para desarrumá-la totalmente. — Disse sorrindo.

Nesse momento, Shine decide explicar a Joe, sobre o plano.

— Joe, antes de eu falar sobre isso, eu preciso expor algumas questões para que você possa entender melhor.

— Você sabe, ou ouviu falar, de milhares de aparições de Ufo´s nos quatro cantos do mundo, nos últimos anos. Com a facilidade hoje em dia de se ter uma câmera, eles estão sendo fotografados e filmados como nunca antes o foram. Hoje, não se discute mais se eles existem ou não. Mas sim, de onde eles vêm quem são e porquê.

A partir do momento que você começa a admitir a existência de outras civilizações fora aqui da Terra, você tem que admitir, que essas civilizações devem ter uma sociedade organizada com leis, governos etc. certo?

— Nunca pensei nesse detalhe, mas acredito que sim.

— Outra coisa que temos que levar em consideração: O universo existe a vários bilhões de anos. A nossa raça aqui na Terra, em relação à idade do universo, começou ontem.

Por volta do ano de 1900, o homem inventou o avião e, 69 anos depois estava chegando à lua. Você consegue imaginar que possam existir civilizações nesse universo afora, que já tenha passado por isso, há alguns mil anos ou até mesmo alguns milhões de anos atrás? Dá para ter uma ideia do grau de desenvolvimento que esses povos teriam hoje? Acredito que

não tenhamos capacidade intelectual para imaginar isso ainda.
— Concordo com você.
— Pois bem! Civilizações que visitam outros planetas como o nosso, e com um desenvolvimento que já ultrapassaram a barreira do tempo e do espaço, com certeza, tem um objetivo maior.
Da mesma forma, que uma tribo indígena do interior da Amazônia que nunca viu o homem branco e hoje é protegida pelo governo de seu país e mais acima pela ONU, isso pode estar acontecendo nesse exato momento conosco. E eu digo a você. Isso sempre aconteceu.
O fato de não sabermos de sua existência, não quer dizer que não existam.
Joe prestava tanta atenção às palavras de Shine, que nem percebia o burburinho dos turistas que estavam nas mesas ao redor.
— Caramba! Isso parece lógico!
— Eles sempre estiveram presentes em todas as épocas criticas que a humanidade passou.
Infelizmente, as instituições estabelecidas, tais como: os governos, as religiões, e a comunidade científica, ocultaram essa verdade, em proveito próprio.
— Você poderia explicar melhor isso?
— Claro, pense comigo:
O governo, é o poder máximo em uma sociedade.
Acontece, que o poder, é uma ilusão. Ou seja, eles detêm o poder, porque nós acreditamos que eles são poderosos.
Todo governo desacreditado, é derrubado em pouco tempo. Eles nunca poderão admitir, que existam outras raças mais desenvolvidas e poderosas. Eles têm que passar a idéia, de que eles têm o controle e podem proteger a sociedade

contra tudo. Caso contrário, eles deixam de ter o poder.

No antigo testamento, Deus, quando falava a Moisés, era descrito como : "O Esplendor de YAHWEH" que descia no cume da montanha com sua nuvem de fogo e luz fazendo com que todos enterrassem seus rostos no chão, pois quem olhasse para Ele ficava cego. E Moisés sumia na nuvem por vários dias.

A Bíblia, e outras escrituras sagradas, tanto ocidentais como orientais, são repletas de relatos de carruagens de fogo, aparições, arrebatamento, que se forem analisados dentro de um contexto moderno mais realista, nada mais são do que contatos, aparições de naves e abduções. Eles também, têm que ocultar a verdade, para manter essa aura de divindade necessária. Desta forma, eles oferecem ao homem comum, o acesso a essa "verdade", desde que ele frequente seus templos, construídos com o suor roubado de todos aqueles que anseiam por ela, mas não a tem em sua totalidade pois eles a omitem, para manterem seus templos sempre cheios.

A comunidade científica, por sua vez, não pode admitir que exista qualquer coisa que ela não possa explicar, pois também cairia em descrédito. Quem detém o conhecimento, detém também a supremacia. Teorias elaboradas há mais de um século, algumas delas necessitando de uma boa revisão, continuam sendo divulgadas como verdades absolutas.

Quando alguma coisa vai contra essas teorias, pode observar, que é sintomático: Dezenas de catedráticos, em várias partes do mundo, imediatamente, dão entrevistas em seus gabinetes de madeira de lei, com estantes de livros por trás, ou de jaleco branco onde se pode ver ao fundo, algum laboratório e, solenemente, contradizem verdades aparentes e lógicas. Eles usam o peso e a imagem de suas instituições para manterem a credibilidade de algumas teorias, muitas delas consideradas absurdas para os dias de hoje, pois eles não podem admitir que erraram ou se enganaram.

— Shine, o que você está dizendo, se formos analisar pelo seu ponto de vista, é realmente estarrecedor. Parece uma grande conspiração orquestrada, para que o homem comum nunca saiba a verdade.

Há alguns anos atrás, eu assisti à uma palestra, sobre abduções, em que pesquisadores sérios, alguns até de universidades conhecidas, expunham vários casos, em que seres de outros planetas chamados "Zetha Reticuli" vinham aqui na Terra, e levavam fetos ou material genético com eles para algum outro lugar. Podia-se ver na platéia o semblante horrorizado de todos que assistiam.

No final, o palestrante diz que, apesar concordar com esse sentimento de revolta que tomou conta da platéia, ele não poderia deixar de colocar uma questão:

Seres de outros planetas, vêm aqui na Terra, e levam a vida humana para outros recantos do universo. Isso já é hoje em dia uma realidade comprovada.

Agora, vamos raciocinar de uma maneira mais lógica, sem a paixão de sermos humanos.

Será que esses seres, não estão apenas fazendo a função pela qual eles foram criados, assim como as abelhas que na natureza, levam o pólem de uma flor para outra, iniciando novos ciclos de vida?

Será que a vida humana, não poderia ter vindo para esse planeta da mesma forma? E eles estejam apenas dando continuidade ao seu trabalho?

Naquela noite, já deitado em minha cama e pensando, lembro-me de ter chegado à conclusão que, aquela teoria, para mim, era bem mais lógica e fácil de entender, do que a que eu havia estudado na escola ou na aula de catecismo.

Agora, minha amiga, vou lhe contar a melhor parte.

Alguns anos se passaram, e eu tive que ir a Londres. Eu havia reservado um dia, para visitar o museu de história natural, para ver a ala dos dinossauros que eu acho fascinante. E realmente, é indescritível ver aqueles fósseis tão bem conservados, que existiram a 50 milhões de anos.

Após ver, demoradamente, todos os fósseis da exposição, saí daquela ala, e continuei a visita a outras partes do museu.

Do hall principal, avistei no andar de cima, uma placa onde dizia: "sala Charles Darwin". Fiquei curioso e resolvi visita–la.

É uma sala muito grande, onde eles tentam explicar a teoria da evolução, com todas aquelas coincidências, até chegar no macaco e depois no homem.

Tentando entender tudo aquilo, não ficou bem claro para mim que, se o homem é uma evolução natural do macaco, como o macaco existe até hoje?

Mas tudo bem. Deixa pra lá...

Saindo da sala e voltando para o corredor principal, na entrada seguinte, outra placa: "Mitos da humanidade". Pensei comigo: O que uma sala com mitos está fazendo em um museu de história natural, onde tudo aqui é verdadeiro? Fiquei curioso e entrei.

É uma sala não muito grande, meio na penumbra, com luzes direcionadas aos objetos expostos. Lá estão, a réplica de um unicórnio, lindo em tamanho natural de um cavalo, o ciclope, do tamanho de um gigante, mais alguns mitos orientais, e no fim da sala, um ET, daqueles cinzas de corpo fino e cabeça grande. O mesmo biótipo do zetha retículi que eu havia visto naquela palestra anos atrás.

Bom... depois do que você falou, podemos concluir que

sua teoria, vai mais longe do que podemos imaginar, e eu estou começando as entender, o porquê daquela sala de mitos, bem depois da sala da teoria da evolução.

    Simplesmente, um dos museus mais renomados do mundo usando todo o peso de sua reputação, expondo como lenda uma possível realidade que a cada dia se torna mais verdadeira, para continuar validando uma teoria que hoje em dia já foi excluída dos livros didáticos de vários países, devido à questionamentos de outros teoricos que não mais aceitam essa "teoria da evolução" como uma explicação aceitavel para a origem da raça humana aqui na Terra. E nem precisa dizer a nacionalidade desse autor... — ele ri com sua própria conclusão.

    Nesse momento, um garçom se aproxima da mesa, perguntando se eles iriam almoçar.

    Nenhum dos dois, percebera que aquela conversa havia feito o tempo voar.

Pagaram a conta e, em poucos minutos, já estavam a caminho de Sedona.

Capítulo VII

Conhecendo melhor o plano

    A volta ocorreu tranquila e, durante o trajeto, Joe não parava de pensar nos acontecimentos e nas conversas que tivera com Shine e Phill. Ele sentia que sua vida, seu modo de pensar e seus objetivos, estavam mudando rapidamente.
    Shine aproveitava cada momento daquela viagem.
    A cidade de Sedona, continuava cheia de visitantes. O congresso ainda duraria mais dois dias, e a noite prometia ser animada.
    Eles chegam em casa. Joe vai para o seu quarto tomar um banho e descansar um pouco. Shine, senta no sofá e começa a ouvir as dezenas de recados que sempre a esperam em sua secretaria eletrônica, quando ela se ausenta por algum tempo, por menor que seja.
    Por volta das 22 hs, Joe já se encontra na varanda da casa, à espera de Shine. Ele a havia convidado a jantar pois, segundo ele, seria uma pequena retribuição pelos dias perfeitos e por tudo o que ele havia passado nessa nova realidade que ele estava tomando conhecimento.
    Em seu quarto, Shine já havia tirado todas as suas roupas do armário sem se decidir pela mais apropriada para aquela noite. Com tantos visitantes na cidade, ela sabia que os restaurantes estariam cheios de pessoas bem arrumadas, e ela já havia reparado, que Joe estava sempre vestido com roupas básicas, mas de lojas caras.

Depois de experimentar várias roupas, esquecidas em seu armário, desde que se mudara de Los Angeles, finalmente decide por um casaco de couro com forro branco de lã de carneiro. Tentou escolher um vestido, dos vários que havia jogado em sua cama.

Acabou vestindo sua calça jeans preferida e uma camiseta branca. Um lenço tipo uma bandana mexicana amarrado em sua cabeça, domava seus cabelos negros.

Ao vê-la chegando à varanda, Joe percebe que está feliz como há muito tempo não ficava. Ele diz:

— Você ainda não terminou de contar-me tudo que sabe. Porém, essa noite, quero aproveitar sua companhia, uma boa comida, um bom vinho e falar sobre amenidades.

— Concordo plenamente. Acho também que ambos o merecemos. — diz Shine, adiantando-se em direção à motocicleta de Joe.

— Será que é difícil eu aprender a pilotar? — diz Shine sentando no banco dianteiro e segurando o guidon.

— Quem sabe um dia. Passa para trás...

Joe ria consigo mesmo. Não tinha como deixar de compará-la à sua ex-mulher, que nunca havia sentado naquela moto pois, segundo ela, o vento desarrumava seus cabelos.

O restaurante escolhido por Shine, estava cheio, e eles só estavam atendendo pessoas com reservas antecipadas.

Enquanto eles ouviam a negativa da recepcionista, e as explicações de que a cidade estava cheia etc, toca o telefone, a recepcionista pede licença e atende. Era um casal avisando de sua desistência. Eles trocam um olhar de cumplicidade e sorriem um para o outro, enquanto seguem para a única mesa disponível existente.

Durante o jantar, Joe faz um pequeno resumo de sua

vida, desde que entrara na universidade, a abertura de uma pequena empresa de software, até sua venda para um grupo multinacional, e sua permanência na empresa como presidente e acionista majoritário.

Shine, conta sua infância nos arredores de Kingman, que fica a algumas horas dali, seus estudos na UCLA, e o início de sua vida profissional em Los Angeles.

Devido a uma série de coincidências, que até hoje não consegue entender, ela acabou por especializar-se em criação e design. Para ter mais tranquilidade para exercer seu trabalho, ela decidiu-se a mudar para Sedona pois, graças a empresas como as de Joe, tornou-se possível trabalhar a milhas de distância de seus empregadores.

O jantar foi muito agradavel e mais uma vez, o tempo pareceu que não existiu.

Na sobremesa, enquanto saboreava um bolo de chocolate, repleto de cerejas por cima, Shine pergunta:

— E agora Joe? Quais são seus planos?

— Eu ainda não decidi. Quero passar uns dois dias por aqui, para conhecer a cidade.

Hoje andando pela rua, eu vi em várias agencias de turismo, cartazes sobre os vortex´s que existem aqui. Quero saber um pouco mais sobre isso e, quem sabe, visitá-los. Mas antes disso, espero finalmente saber sobre esse plano, que toda vez que você começa a falar, o assunto se desvia e minha curiosidade aumenta.

Shine, ri do jeito de seu amigo.

— Desculpe-me, mas não é por mal. São tantas as informações que devem ser passadas sobre isso, que eu me perco. Procurarei ser mais direta. Prometo!

Ele faz um olhar serio e diz;

— Vou cobrar cada detalhe.

Os dois brindam com uma pequena taça de licor, que o garçom servira de cortesia.

De volta à casa, eles decidem não falar sobre qualquer assunto pois, fatalmente, eles iriam passar a noite em claro. Eles ainda estavam cansados da viagem e precisavam de um bom sono reparador.

Ao irem para seus quartos, Shine diz a Joe:

— Eu tenho vários amigos que trabalham com esses vortex´s. Terei o maior prazer em apresentá-los a você. Alguma coisa me diz que sua estada aqui não vai se limitar a apenas dois dias.

— Agradeço a sua oferta e, talvez você tenha razão. Boa noite!

Apesar de cansado, Joe sentia-se leve e sem preocupações. Rapidamente adormece.

Era uma reunião ao ar livre. Todos os participantes, estavam animados e contentes por estarem lá. Joe ainda não estava acostumado com esse tipo de sonho. Tudo era muito real, apesar de ele estar consciente que aquilo era um sonho. A única diferença, é que ele raciocinava enquanto sonhava. Não era como aqueles sonhos, que já vem pronto e você apenas assiste.

Nesse, ele podia interagir. Ele sabia que conhecia aquelas pessoas mas que, quando o sonho acabasse, ele não as veria de novo, até quem sabe, outro sonho.

Estavam sentados em círculo, embaixo de uma frondosa arvore, em uma relva que parecia um tapete. Ao lado, havia um lago, com água cristalina como nunca vira. Ele olhava para uma montanha a quilômetros de distância e podia ver os detalhes da vegetação. Ele pensava, o quanto era bonito, uma atmosfera sem poluição.

Todos estavam ouvindo um ancião, de barba e cabelos longos.

Ele falava na importância do uso do conhecimento e da tecnologia, na valorização do ser humano, e não em sua degradação.

As palavras do ancião, transformavam-se em um filme que era passado na tela mental de cada participante.

Nesse filme, Joe vê vários cientistas geneticistas trabalhando em uma fazenda, aprimorando uma raça de cavalos. Simultaneamente, outros cientistas criando métodos de inseminação artificial. Por fim, ele está assistindo a um leilão, vendo um cavalo, doador de sêmen, sendo arrematado por 5 milhões de dólares e toda a platéia aplaudindo.

No mesmo instante, ele se vê andando na periferia de uma cidade do terceiro mundo, e uma mãe lhe oferecendo seu bebê por 30 dólares.

Um sentimento de angustia o invade, com a constatação de que falhamos, como seres humanos, em algum momento de nossa evolução.

De manhã, Joe acorda pensativo e ansioso . Ao lembrar-se do sonho, ele sabe que pode fazer alguma coisa. Só não sabe como e o quê.

O café da manhã estava à mesa. Ao lado de xícara do café, um bilhete de Shine: — Tive que sair por um instante. Volto já.

Enquanto tomava seu café, Joe já havia decidido. Ficaria em Sedona, o tempo suficiente para entender tudo aquilo que estava acontecendo.

Nesse momento, Shine na entra pela porta da cozinha, com uma cesta cheia de compras do mercado.

— Tudo bem com meu hóspede mais importante?

— Claro que sim! Pelo menos não posso reclamar de concorrência, visto que sou o único por aqui. — disse sorrindo.

Shine senta a seu lado, serve-se de café e diz:

— Gostaria de ir ao meu atelier para ver meu trabalho e conversarmos sobre as conclusões que tirei sobre o que está acontecendo na Terra?

— Com certeza! Preciso ouvir a história desde o começo, para poder entender melhor.

Eles terminam o café e se dirigem ao atelier.

Ao entrarem, Joe acomoda-se confortavelmente no sofá, enquanto Shine senta em sua cadeira giratória virando-a para Joe, ficando de costas para sua mesa de trabalho.

— Nós já havíamos conversado sobre não estarmos a sós nesse universo...

— Claro! — interrompe Joe. — Eu também acredito nisso.

— Pois bem. A partir do momento que você acredita nessa realidade você tem que admitir que eles sejam organizados com normas, regras, leis, cadeia de comando enfim, uma sociedade de fato. E isso é real.

Existe uma ordem estabelecida, nesse quadrante do universo. Uma espécie de confederação, regida por um conselho.

Esse conselho é composto por doze seres altamente evoluídos e com uma consciência inimaginável. Várias linhas espirituais os retratam como mestres ascencionados ou fraternidade branca. Acredito até, que o número de doze apóstolos, seja uma alusão a eles.

Esse conselho, comanda uma legião de seres que trabalham para manter o equilíbrio do universo e ajudando na evolução das raças

O plano que estamos envolvidos vem sendo executado a

várias décadas.
Ouvindo atentamente o relato de Shine, Joe a interrompe perguntando.
— Eu entendo o que você está falando. Mas porque só agora que eles iniciaram esse plano?
Eles sempre estiveram presentes aqui na Terra. Basta você estudar os relatos das mais antigas civilizações e das religiões.
Moisés, por exemplo, recebeu diretamente de Deus, os dez mandamentos que, se você for analisar, esquecendo a sua religiosidade, nada mais são do que normas de convivência em sociedade. Percebe que para o início de uma civilização, essas leis eram suficientes?
Ocorre que agora, a raça humana chegou em um ponto que chamamos de salto quântico. O desenvolvimento nos últimos 100 anos, teve um crescimento exponencial. Daqui para frente, ele dobrará o seu potencial em espaços de tempo cada vez mais curtos até, teoricamente, não existir mais o tempo.
Vamos analisar aquela situação hipotética, que lhe falei no restaurante ontem, em que existisse uma tribo indígena isolada na Amazônia, sem nunca haver feito contato com o homem branco. Essa comunidade, em vias de exaurir seus recursos naturais, resolve, por sua propria conta, se aventurar para fora de seus domínios em busca de riquezas naturais para garantir sua sobrevivência. Como é natural entre eles, vão em rumo ao desconhecido, armados de arcos e flexas, acreditando que irão conquistar novas terras.
Ao encontrarem uma vila de colonos, o governo, ciente dessa situação, através de um órgão específico, que protege esses povos, manda pessoas preparadas para fazer contato com esses índios para explicarem que eles não estão sozinhos aqui na

Terra, que já existe uma ordem estabelecida, que as terras já têm dono, e que eles não podem proceder desta maneira, e se apoderar do que não lhes pertence.

Durante toda a história antiga da humanidade, as explorações de terras desconhecidas foram financiadas por governos ou companhias, para conquistá-las e extraírem seus recursos, não importando quem fosse o dono. E todas com o uso da força.

A exploração espacial é financiada com vultuosas somas, por instituições que, zelosas por seu dinheiro, logicamente esperam auferir lucros. Foguetes, satélites, mísseis, artefatos atômicos, são nossos equipamentos de exploração de hoje, com os mesmos objetivos de sempre.

Além disso, O homem, em sua inconsciência, sempre teve seu semelhante como um inimigo. Eles começaram a se agredir usando paus e pedras, passaram para arcos e flechas, depois fuzis e bombas e agora, bombas nucleares.

Uma bomba convencional quando explode, não destrói a matéria. Ela transforma um determinado objeto em pó. Mas a matéria, apesar de estar totalmente fragmentada, ainda continua existindo.

A bomba nuclear é diferente. Ela destrói literalmente o núcleo da matéria.

Através da física quântica e do modelo do universo holográfico, estamos começando a perceber que, a realidade, não é só o mundo físico, material e tridimensional. Ela se completa em outros planos ou dimensões onde o tempo e espaço não existem.

Isto quer dizer que: Quando destruímos um núcleo atômico, estamos alterando um equilíbrio que existe desde a criação primordial pois, estamos destruindo uma matéria em todas as suas dimensões.

Portanto, pense um pouco: Se a realidade, existe nessa dimensão e em outras onde não existem espaço ou distâncias, estamos desequilibrando e alterando todo o universo.

Lembre se que o bater de asas de uma borboleta no Caribe, pode causar um furacão na costa da China...

— O efeito borboleta... — diz Joe completando.

— Exatamente, diz Shine satisfeita por ele mostrar que está entendendo.

Portanto... — diz Shine... — Chegou o momento, de nos integrarmos nessa comunidade cósmica. Está na hora de começarmos a obedecer a certas leis universais que durante toda a nossa história, nos foi passada e nunca a levamos à sério.

Você deve perceber que para isso acontecer, vai ter que haver uma intervenção mais efetiva.

— Você disse que ela começou a ser executada a várias décadas. Quando exatamente? — pergunta Joe.

— Bom... Pelas conclusões que eu e vários amigos que participam disso chegamos, ela começou nos anos 60. Pessoalmente, acredito que já estava programado há alguns mil anos atrás, para iniciar nessa época e em um determinado lugar. Depois eu explico porquê.

— Shine, eu não imaginava que essa história seria tão fascinante. Tente falar tudo o que você pensa e sabe através de suas conclusões. Não quero perder nada.

— Pode deixar... — Shine fala devagar, para que ela possa pensar e explicar da melhor forma possível.

— No início dos anos 60, na California, uma enorme nave interdimensional, ficou estacionada a poucos quilômetros de altura, em cima da Bay Área, emanando uma onda de energia diretamente para São Francisco, Berkeley e as outras cidades da baía.

Era uma energia de amor puro. Amor cósmico incondicional. Não foi por acaso, que lá, iníciou-se o movimento de contestação à guerra. "Paz e amor" Lembra-se disso? Não é por acaso, que essa região, tem a maior concentração no mundo de pessoas espiritualizadas, médiuns e psíquicos. A consciência holística, é ensinada em escolas.

A partir desse começo, foram traçadas várias diretrizes, ou planos secundários para serem efetivados de várias formas.

Milhares de pessoas começaram a ser abduzidas enquanto dormiam e, dentro das naves, eles começaram a receber mensagens e ensinamentos. Alguns receberam tarefas específicas, sempre ligadas à execução do plano.

— Você tem uma tarefa especifica? Pergunta Joe interessado e ao mesmo tempo intrigado.

— Tenho. — diz Shine achando graça da reação de Joe.

Interrompendo seu relato, Shine chama Joe até sua mesa.

— Veja esses desenhos. Joe levanta-se e vai até ela.

— O que você vê aqui? — pergunta Shine.

— Vejo logomarcas de produtos de consumo. Muito interessantes, por sinal.

— O que você acha deste desenho?

— Bom... — diz Joe tentando entender o que Shine espera que ele perceba.

— Vejo um símbolo, muito conhecido, de uma letra com asas.

— Pois bem... E o que mais?

— Olhando esse desenho, e comparando-o a outros que você tem aqui, e com esses símbolos antigos, noto certa semelhança. Só que esses símbolos antigos, pelo que sei, são ligados às divindades sumérias, egípcias, e esses aqui são

marcas de produtos de consumo...
— Que estão expostas nas fachadas de lojas, e em revistas e televisão do mundo todo. — completa Shine.
— Não entendi onde você quer chegar. — diz Joe confuso.
— Eu explico.
A grande maioria das pessoas que foram levadas para as naves e receberam esses ensinamentos, foram de modo inconsciente. Elas não sabem que foram levadas, e que receberam essas informações. Poucas sabem, algumas desconfiam, mas a maior parte delas nem imagina.
Uma vez dentro das naves, elas interagem com seres físicos, que assim como nós, tem suas roupas, e seus símbolos, identificando-os a um determinado grupo de comando ou de atividade.
Todas essas informações, ficam latentes no inconsciente das pessoas. Quando eles vêem aqui na Terra, um símbolo, igual ou parecido ao que viram lá em cima, isso servirá como uma espécie de gatilho, que destravará sua memória, e ela começará a pensar de um modo diferente, incorporando esses ensinamentos no seu racional. Com as frases, acontecem a mesma coisa.
Está vendo essa aqui de uma companhia esportiva? Essa frase é falada incessantemente por eles. Para que você, apenas faça a sua parte. Percebe? Essa mensagem foi veiculada em uma campanha publicitária no mundo todo.
Joe não consegue falar... Está mudo, com o olhar fixo em Shine. Ele lembra de Zo e de uma situação ocorrida com ele próprio.
Há anos atrás, ele recebera um calendário da Nike, muito bem feito, que tinha em sua capa, a frase : " just do it ", que ele pendurara em seu pequeno escritório de casa. O ano

terminara e, sempre que ele pensava em tirar esse calendário da parede, quando ele entrava no escritório, ele acabava desistindo da idéia. O calendário está lá até hoje.

A voz de Shine interrompe seu devaneio.

— O meu trabalho, é trazer esses símbolos aqui para a Terra.

— Isso é incrível! — diz Joe atônito. — Eu acho que estou entendendo o que você quer dizer. E onde eu entro em tudo isso?

— Bom, pelo que eu sei, você estava em Berkeley nos anos 60...

— É verdade! Depois que você falou-me sobre isso, eu percebo que sempre que lembro dos meus tempos de universidade, eu sinto meu coração apertado. Eu ainda lembro, da forma como eu pensava em modificar o mundo. Tantas coisas que víamos que podiam ser mudadas, e quando eu vejo o mundo hoje, percebo que não consegui contribuir da forma que eu imaginava quando jovem. E aquele pensamento, era coletivo. Falávamos sobre isso o tempo todo, nos intervalos das aulas, nas reuniões, em qualquer lugar que estivéssemos. Eu queria voltar a pensar daquele jeito. Sinto muita falta disso.

E porque você acha que esse plano, na verdade, foi programado bem antes dessa época?

— Bom... — diz Shine, — Eu cheguei a essa conclusão, depois de uma experiência que tive naquela região.

— Você pode contar?

— Claro!

— Quando eu estudava em Los Angeles, eu sempre passava minhas férias em São Francisco. Eu adorava. Aquela cidade sempre me atraiu de um modo especial.

— Realmente. — diz Joe. — Acho que todos que a visitam, deixam lá um pedaço de seus corações... — ele faz uma referência à música I left my heart in San Francisco.

Shine ri e completa.

— Mas antes eles têm que ter a certeza de colocar algumas flores em sua cabeça... — ela fala cantando esse verso de outra música famosa dos anos 60.

E ela continua seu relato:

— Eu costumava passear sem rumo pela cidade, sentindo aquela energia, que só quem a conhece sabe como é. Conhecia todas as livrarias, e comprava todos os livros "new age" que encontrava. Tinha uns amigos que moravam em Nob Hill, no sótão de uma daquelas casas antigas maravilhosas...

Eu ficava horas na janela, com aquela vista da baía... era uma coisa linda! Eu nunca entendi porque esse lugar me atraía tanto.

Um dia, eu acordei e estava muito triste. Um aperto no coração, uma nostalgia, uma saudade... Eu não conseguia saber porquê.

Peguei o carro, e fui dar uma volta pela cidade. Parei no Fisherman´s Warf, que é um lugar sempre animado, cheio de turistas, música, um lugar que anima qualquer pessoa. Eu andava por toda aquela multidão, mas não conseguia integrar-me com aquilo tudo. Parecia que eu estava ligada no piloto automático. Aquele burburinho, aquela multidão... Parecia que eu não fazia parte daquilo. Não sei explicar. Era como se eu não estivesse ali.

Voltei para o carro, e resolvi ir à Sausalito, pois tinha lido no jornal, que lá, estava acontecendo uma feira esotérica.

Passei pela ponte, continuei dirigindo... Meu pensamento estava longe. Ao chegar próximo à entrada da cidade, sem saber porquê, continuei em frente e peguei uma estrada que saía para a esquerda, e comecei a subir uma colina. Lá em cima, a vista da cidade, da ponte e da baía, é digna de um cartão postal. Resolvi parar no acostamento. Desci do carro, sentei-me em um tronco tombado de arvore, e fiquei admirando a paisagem.

Eu estava muito triste, com um nó na garganta e vontade de chorar. Comecei a ficar preocupada. Eu não conseguia achar uma razão para estar daquele jeito.

Nesse momento, lembrei de meu avô. Ele sempre fala que, quando estamos em crise, basta chamar nosso anjo da guarda e conversar com ele. Eu resolvi fazê-lo.

Fechei meus olhos, e comecei a mentalizar através de um processo que posso lhe ensinar depois.

Rapidamente ele apareceu. Eu continuava de olhos fechados, mas o via em minha tela mental, alegremente sentado ao meu lado naquele tronco. Uma imagem muito real. Ele sabia como eu me sentia, e sorria carinhosamente para mim. Nesse momento, eu comecei a ficar revoltada pois ele estava me vendo naquele estado de tristeza profunda e ficava sorrindo como se fosse uma coisa sem importância. Nesse momento ele falou:

— Shine! Sei como você se sente!... Siga por essa estrada, que tudo se resolverá. E desapareceu.

Aí que eu fiquei realmente revoltada. Isso é ajuda ou conselho que se dê? Eu esperava uma palavra de conforto, qualquer coisa. Menos aquilo.

Passados uns instantes, comecei a raciocinar. Ele nunca havia me decepcionado. Por várias vezes, quando eu fazia alguma coisa que ele aconselhava e eu não sabia por que estava fazendo, no fim, percebia que ele estava certo. Resolvi dar-lhe um crédito de confiança. Entrei no carro e continuei pela estrada. Era uma estrada sinuosa. Andei por mais alguns quilômetros, até chegar a um estacionamento.

Era a entrada do parque...
— Muir Woods. — interrompe Joe pensando em voz alta.
— Você já esteve lá?
— Algumas vezes. — Diz Joe. — Aquele lugar é lindo. Aquele parque de redwoods, foi um dos primeiros parques de preservação ambiental feito pelo governo, graças a um pioneiro de nome John Muir, que preservou aquela área desde a corrida do ouro no final do século 19.
Aquelas árvores, têm mais de 1000 anos. — Continua Joe. Elas são altíssimas. Muito maiores que uma árvore comum. Ouvi dizer, que essas arvores, só existem aqui na Califórnia e em uma região na China. É incrível!
— Verdade! Essa informação é importante para explicar o que descobri.
E Shine continua seu relato.
— Estacionei o carro e pensei: Vou visitar o parque. Quem sabe encontro alguma pessoa que converse comigo... sei lá...
Comprei um ingresso e entrei. Logo ao lado da entrada, havia uma loja de souvenires, que me chamou a atenção. Dentro, logo na frente, um móvel, com várias pedras de cristais, à venda. Fico uns instantes olhando aqueles cristais e acabo comprando duas pequenas pedras, uma branca e outra azul. Ponho uma em cada bolso da calça e saio em direção ao bosque.
E aconteceu...
— Aconteceu o quê? — diz Joe curiosíssimo. — Desceu uma nave? Você encontrou algum um ET?
— Nada disso! — diz Shine rindo.
— Houve uma transformação. Eu comecei a andar pelos caminhos entre aquelas árvores e, uma energia que vinha como

uma onda, me tranquilizava e me enchia de felicidade. Era muito estranho. Eu não imaginava que árvores podiam fazer aquilo comigo.

Eu estava muito feliz. Todos aqueles sentimentos haviam desaparecido como um toque de mágica. Eu começava a ver e a raciocinar direito de novo, sentindo as pessoas, ouvindo os sons da floresta. Foi uma mudança muito forte. Eu tentava entender o que tinha acontecido mas não chegava à nenhuma conclusão.

Resolvi parar em um dos bancos que tem por aqueles caminhos, e chamar meu amigo de novo.

Fechei meus olhos, e lá estava ele ao meu lado.

Como sempre, eu sinto que ele tem muito carinho por mim. E ele começa a falar:

— Você é muito impaciente! Ainda bem que fez o que lhe pedi. — e ele começou a explicar-me o que ocorrera. —

— Primeiro, você foi até aquela casa de souvenires, pois lá existem cristais que serviram para homogeneizar a energia à sua volta. Você ficou passeando entre eles até ficar equilibrada. As pedras que voce colocou nos bolsos a manteve balanceada.

Após isso, você iníciou o circuito.

Esse parque, foi trazido por nós, em tempos imemoriais, como um pedaço de nossa casa aqui na Terra.

Você pode perceber, que essas árvores, são mais altas que outras árvores aqui da Terra. Isso é devido à diferença de gravidade entre nosso planeta e o de vocês. Nosso planeta, por ser bem maior, as sementes precisam de mais força para vencer a gravidade. Aqui, como a força de atração é menor, as sementes não encontram tanta resistência e, por consequência, cresceram mais facilmente.

O objetivo de você estar aqui, é que ao passar pelo

campo de energia formada por essas árvores, ele servirá como um mecanismo de reativação da memória implantada em suas células, fazendo com que, ao longo dos próximos anos, comece a resgatar a consciência perdida ao se densificar nesse plano físico.

Essa reativação, fará com que você fique receptiva e receba uma parte de nosso corpo sutil, que lhe servirá em um futuro próximo. O motivo de eu estar aqui a seu lado, é que, nesse momento, estou fazendo essa transferência. Existem outros locais de reativação. Porém, esse é um dos que eu mais gosto. Por isso eu a trouxe aqui.

— Depois desse momento, eu já estava sozinha de novo. Já no carro, de volta para a cidade, eu fiquei um pouco melancólica. Feliz, mas melancólica. O sentimento que vinha à minha mente, ao passear pelo parque, era de que eu nunca me sentira tão bem em um lugar. Era como se eu estivesse em minha casa. Não a minha casa física, mas a minha casa espiritual. Aquela de onde veio toda a parte inexplicável de mim. Aquela melancolia, era devido à minha constatação de que achara um pedaço de minha origem e que eu estava saindo de lá para entrar de volta nesse mundo inconsciente que vivemos.

Depois desse episódio, já encontrei várias pessoas que passaram por alguma experiência dentro desse parque. E é por isso, que acredito que esse local, foi planejado há muito tempo, para que esse projeto se iniciasse por lá.

Joe sentia-se cada vez mais encantado com os relatos de Shine.

— Eu não sei o que dizer. Esses seus relatos, estão fazendo-me pensar, que isso vai muito mais longe do que eu imagino.

— E vai! — diz Shine. — Só que ninguém, tem o conhecimento completo de toda a magnitude desse projeto. Algumas pessoas envolvidas, como meus amigos e eu, sabemos alguma coisa que fomos descobrindo e juntando as peças desse grande quebra-cabeça e, para que esse plano evolua, temos também que descobrir quem somos de onde viemos, para onde vamos e, qual a nossa função aqui na Terra.
— Entendo... – diz Joe. Nós "somos" e fazemos parte dele.
— E eu vou ter que juntar algumas peças também.
Esses seus amigos... Vocês se reúnem sempre para falar sobre isso?
— Sempre que alguém tem alguma coisa nova interessante para contar.
— Seu amigo Phill, costuma participar?
— Claro, ele e Lisa estão sempre por aqui.
— Gostei muito de conhecê-lo. Pelo pouco que conversamos, percebi que ele deve ter muita coisa interessante para dizer.
— Phill tem umas teorias fascinantes. — diz Shine.
— E o que mais te fascina nesse plano?
É o modo como ele é executado.
— Como assim?
— Nesse momento, milhares de pessoas, anônimas, influentes, chefes de estado, pessoas comuns, como eu e você, conscientes ou não, estão trabalhando em conjunto, em uma sincronia perfeita. O mundo está se transformando, e muitos não estão nem percebendo o que está se passando.
— Realmente... — diz Joe pensativo. — Isso é mesmo fascinante.
— Acredito que você, para tentar entender todo o processo, deverá primeiramente, ir colhendo informações para, somente no final, tirar alguma conclusão pois, com certeza, ela irá mudar algumas vezes à medida que você vai caminhando. Isso acontece com todos nós.
— Entendo.

— Eu tenho uma forma de ter certeza se aquilo que concluí é valido ou não.
—Você pode ensinar-me?
— Claro! Se você estiver indo pelo caminho certo em sua busca, coincidências acontecem e as respostas se confirmam.

Nesse momento, eles ouvem o barulho insistente de uma buzina de carro, na entrada da casa. Shine vai, apressadamente, ver quem é.

Do atelier, Joe podia ouvir os gritos de Shine;
—Não acredito! Que surpresa! Vocês por aqui? Basta falar em assombração que elas aparecem. Vamos entrando, que tem uma pessoa aqui em casa que vai gostar de rever vocês.

Shine estava eufórica.

Joe já ouvira a voz de seus novos amigos, e já estava na sala, quando eles entraram.

— Que prazer revê-los! Estávamos lembrando de vocês, quando ouvimos a buzina. Muita coincidência, vocês não acham?

Joe olha para Shine com um sorriso.

Na física, coincidências não existem! — diz Phill cumprimentando com um abraço seu amigo.

Está aí, mais uma teoria que gostaria de ouvir de você. diz Joe brincando.

Lisa passa por Joe, cumprimenta-o com um beijo e vai para a cozinha com Shine.

Alguma razão especial por virem aqui? — pergunta Joe.
— Nem tanto — diz Phill. — Ontem à tarde, recebi um telefonema de um colega da universidade, que foi convidado para visitar um projeto na Inglaterra no final do mês e, pediu-me para trocar os horários de aula com ele. Eu aceitei e tenho a semana toda livre. Lisa está de férias, e resolvemos aproveitar essa oportunidade para visitar nossos amigos daqui.

Shine da cozinha, ouvia parte da conversa e diz de lá.
Podem tirar as malas do carro que eu tenho um quarto pronto para vocês!

Joe e Phill vão até o carro e levam as malas para o

quarto enquanto conversam.
     Elas preparam um pequeno almoço e os chamam à mesa.
     Enquanto almoçam, Phill quis saber como tinha sido a experiência de Joe, naquela noite no Grand Canyon.
     Joe, conta detalhadamente, o que ocorrera, e que, após essa experiência, resolvera se aprofundar mais no assunto, pois alguma coisa o impelia a isso.
     Phill, animado com isso, propõe a Joe.
     — Meu amigo, eu entendo o que você está passando pois, comigo, aconteceu a mesma coisa. Depois da minha primeira experiência, eu não parei mais de pensar, procurar respostas, elaborar teorias, e descobri muitas coisas interessantes.
     Há um tempo atrás, eu, Lisa, Shine e outros amigos, nos reuníamos regularmente para compartilhar nossas experiências. Quem sabe, chegou a hora de voltarmos a nos reunir, para atualizar nossas idéias e teorias, ditas absurdas pela ciência oficial?
     Todos entusiasmaram-se com a idéia. Shine e Lisa, começaram a conversar animadamente, fazendo planos sobre quem viria, o que serviriam de lanche etc.
     Eram muitos os questionamentos que Joe tinha em sua cabeça. Aproveitando o assunto, ele pergunta:
     — Phill... Shine contou-me um pequeno resumo sobre esse plano que está em andamento. Eu acredito, pois vejo acontecendo algumas transformações a nível mundial, que há pouco tempo atrás seriam impensáveis e não podemos negar. Disse também, que esse plano iníciou-se em San Francisco, na área da baía. E porque agora, parece-me que o centro dos acontecimentos está aqui em Sedona e não lá?
     — Voce tem razão. Também percebemos isso. Temos

algumas suposições sobre essa mudança. — diz Phill,

O foco de energia ficou por muitos anos sobre aquela região. Isso atraiu pessoas do mundo inteiro. A região sofreu um crescimento meio desordenado e aquela tranqüilidade característica e necessária para que se possa interagir com essa energia, ficou debilitada. O movimento new age, virou um comercio. Hoje em dia, muitas pessoas dependem financeiramente de suas aptidões psíquicas e isso é uma questão um pouco complicada. Acreditamos também, que o fluxo de informações e de energia necessárias para o andamento do plano, ocorrem através de uma espécie de corredores cósmicos que precisam de um tipo de portal, muito bem balanceado energeticamente para serem manifestados aqui na nossa dimensão. A região de Sedona, como você pode ver, é bem árida e desabitada. Por conta disso, tornou-se um local mais adequado. Na convergência harmônica, em 1987, acreditamos que esse eixo cósmico, tenha sido deslocado para cá.

— Phill, eu estava entendo tudo... mas, quando você falou em convergência harmônica, aí complicou.

— Falha minha! — diz Phill divertindo-se. — você precisaria conhecer e estudar o calendário maia para saber tudo sobre isso. Mas vou dar lhe uma idéia para você entender.

Segundo os maias, que habitavam a península do Yucatan, na América Central há 1500 anos atrás, a história da humanidade, é modelada por ciclos de radiação galáctica. Há 5.000 anos que a Terra está passando por um ciclo, que tem seu término em 2012.

Com o início de desse novo ciclo, o homem poderá conectar-se diretamente com essa energia que emana do centro da galáxia, e assim despertar para a mente real, superior. Em outras palavras, a humanidade estará tendo condições de dar seu primeiro salto quântico, em têrmos de evolução espiritual. E como você pode imaginar, para isso, teremos que ter um conhecimento mais profundo da nossa espiritualidade.

A convergência harmônica, é justamente o período de transição desse ciclo. Ela se iníciou em 16 de agosto de 1987 e terminará em 21 de dezembro de 2012. Como você pode ver, falta pouco tempo para que isso aconteça.

— E como será essa conexão? — pergunta Joe curioso.

— Imagine que existam dois planos dimensionais paralelos. O nosso, físico tridimensional e um outro onde não existe matéria densa como a nossa, e que é por onde esses seres superiores interagem conosco. Agora, imagine esses planos, vibrando em um movimento ondulatório e, em um determinado momento, eles se encostam, abrindo uma janela interdimensional. Estamos exatamente nesse período. Você já percebeu a quantidade de pessoas que passaram por alguma transformação, com encontros com seu anjo, ou seja lá quem eles acreditem que sejam, por esses tempos?

É verdade! Até um leigo como eu, com uma "pequena" ajuda... — diz Joe olhando para Shine e sorrindo.

— Pequena? — diz Shine fingindo-se insultada.

"Pequena" vai ser a conta que você vai pagar de hospedagem aqui, cara pálida!

Todos riram.

Capitulo VIII

Um modelo no universo

O almoço termina. Shine e Lisa, já tem tudo programado e saem juntas para comprar alguma coisa para servir à noite na reunião. Elas decidiram chamar, para completar o grupo, Naomi e Haylah.

Naomi, é uma sensitiva que recebe canalizações de vários mestres espirituais, que deixa as pessoas maravilhadas com as mensagens de consciência sempre atuais e tocando fundo nos seus corações.

Haylah, está totalmente envolvida na elaboração de um novo método educacional a ser aplicado nas escolas do mundo todo, para atender as necessidades das crianças "índigo" ou "star child's" que são crianças que estão vindo à Terra, com seus DNA´s modificados e, por conta disso, não se enquadram nos métodos de ensinos tradicionais.

Imaginando como será a noite, Phill resolve ficar em casa com Joe, para explicar-lhe mais algumas coisas para que ele possa compreender melhor o que possa ocorrer na reunião.

Eles vão para o pequeno terraço, em frente à casa onde se sentam em confortáveis cadeiras, munidos com uma enorme jarra de suco de pêssego, que a acomodam em uma mesinha de centro.

— Eu tenho muita sorte em encontrar um professor como você que tem um modo muito parecido ao meu de enxergar as coisas. Para mim, a verdade tem que ser aparente e ter lógica. Tudo tem que ter uma explicação. Mesmo que seja uma teoria meio fantástica. — diz Joe iniciando a conversa.

— È verdade... — diz Phill. — Eu também. Não gosto de pessoas que acreditam. Eu prefiro as que entendem. Todos nós, deveríamos parar de crer e começarmos a entender, para o bem da nossa própria evolução.

Os dois sorriem com aquele comentário um tanto exagerado.

— Eu gostaria que você começasse explicando-me sobre canalização. Eu ouço falar muito disso, e queria saber como você interpreta fisicamente esse fenômeno.

— Bom.. — diz Phill — A canalização é um processo interativo entre uma fonte de emissão e um receptor.

Essa fonte de emissão, de frequência superior, está totalmente integrada ao banco de dados universal, também chamado de "Registro akáshico". O agente dessa fonte, por enquanto, é desconhecido.

O receptor para completar a conexão, tem que estar aberto e receptivo. Temos que levar em conta que, para a informação canalizada ser objetiva, precisa haver por parte desse receptor, uma necessidade de ouvir determinado assunto.

Essa necessidade nasce, quando o receptor questiona-se internamente através de meditação, formulando perguntas que não poderia respondê-las sozinho.

Quando mais o receptor se questionar, maior será o vácuo criado no seu universo de compreensão, possibilitando assim, a vinda da canalização.

Vamos imaginar que existam dois campos separados por uma fina membrana. De um lado, está o universo de dados e do outro o universo de compreensão do receptor.

Se o receptor não pensa em nada, o sistema está em equilíbrio e, nenhuma informação vem pois, nada está sendo solicitado.

A partir do momento que o receptor começa a pensar e não obtém respostas, dentro do seu universo de compreensão forma se vácuo que precisa ser preenchido

Por um processo quântico, no momento que esse vácuo se forma, de um lado, a resposta se forma instantaneamente, e com a mesma intensidade no outro.

Através de um canal, essa informação é passada de um lado para o outro, fazendo com que o sistema volte ao equilíbrio, aumentando e enriquecendo o universo do receptor.

Quanto mais profundos forem os questionamentos, mais transcendentais serão as canalizações pois, uma coisa depende da outra, na exata proporção.

Outra coisa de devemos levar em consideração é que, por ser diferente da incorporação mediúnica, onde o receptor é um simples aparelho, na canalização as respostas se formam na mente do receptor, usando toda sua linguagem e arquétipos. Portanto, quanto mais preparado a nível de informação for o receptor, mais facilidade terá o agente da fonte de se expressar.

— E é fácil fazer uma canalização? — pergunta Joe.

— Muito fácil. Qualquer pessoa pode fazê-la. Basta querer. No meu caso, por exemplo, quando estou só em meu escritório, ponho um papel á minha frente, fecho os olhos, relaxo por alguns minutos, tiro todos os pensamentos de minha mente. Instantes depois, abro os olhos e, a primeira palavra que vier à minha mente, eu escrevo. Logo após vem outra, e assim por diante. Eu procuro não ler o que estou escrevendo, para não interferir, e tentar com o meu racional completar alguma frase. No começo, pode ser um pouco difícil. Mas logo você percebe a diferença do que você pensa e do que vem para você escrever. As frases começam a se formar, sempre com alguma mensagem para você.

— Phill, estou entendendo o que você está falando e, ao mesmo tempo, estou pensando aqui:

Será que o processo de criação, ou invenção de alguma coisa feita pelo homem, não seria da mesma forma?

— São processos diferentes mas que usam o mesmo caminho. Na canalização, existe um agente personalizado, como seu anjo da guarda, eu superior, ou até mesmo, seres de outras dimensões que tem uma consciência expandida e acesso ao grande banco de dados universal, que aproveitam o seu questionamento, para lhe mandar mensagens.

Na criação ou invenção, você é que vibra em uma determinada frequência, e capta diretamente a informação, no grande arquivo.

A partir do momento que você cria uma necessidade, no seu arquivo pessoal de dados abre se o vácuo. Instantaneamente, a idéia ou o objeto correspondente, se posiciona no grande arquivo akáshico, pronta para ser captada.

Vamos pegar um exemplo básico.

Você está em sua casa almoçando em pé, e gostaria de comer mais confortavelmente. Pronto. Você criou uma necessidade e, no mesmo instante, a ideia de uma mesa, se formará, no banco universal.

Por estar com aquela necessidade em sua conciencia,

você já está vibrando naquela determinada frequência. Uma vez, captada a informação, voce a transforma em realidade.

É a física quântica de novo. Dentre inúmeras possibilidades, através da consciência, da necessidade, você definiu a realidade.

— Você está dando um nó na minha cabeça. — Diz Joe — então o homem não cria nada. Ele apenas capta uma idéia e a transforma em realidade.

— Isso é apenas uma suposição do seu amigo aqui. — diz Phill sorrindo.

— Entendo... — diz Joe pensativo. Acho que nosso ego nos impede de enxergarmos desta maneira.

Tudo bem!... Joe continua no assunto. — Mas você tem que admitir que é um pouco difícil para um leigo, entender sobre esse registro akáshico universal.

— Não concordo! Diz Phill fingindo desdém. Nós vemos e usamos esse conceito diariamente.

O registro akáshico, é um banco de dados universal. E o que você faz hoje em dia quando quer uma informação? Você liga seu computador e pega a informação. E, Por acaso, aquela informação está dentro do seu computador?

Claro que não. Ela está em um banco de dados virtual que você acessa com seu pc que é chamado de nuvem... É a mesma coisa.

Joe ainda estava pensando nas palavras de Phill, quando ele continua:

— Tem mais um conceito que eu gostaria de falar, para que você possa entender um processo que fazemos nas nossas reuniões, que é acessar nosso "merkabah".

— E o que vem a ser isso?

"Merkabah", em hebraico, significa "nave de luz" ou

veículo de luz divino.

Estudos antigos de religião e magia, falam dessas naves de luz que todo ser humano, pode acessar através de sua consciência, para atuar espiritualmente e ter acesso à um conhecimento superior. É como se fosse um veículo, para que possamos deslocar nossa consciência nesse plano paralelo sem o binômio espaço x tempo. Vários grupos esotéricos, os usam em seus trabalhos. Nos ensinamentos dos "Vedas" indiano, são descritos como "Vimanas".

— Entendo. — diz Joe. — Só que, pelo que você está dizendo, esses "merkabah´s", estão me parecendo crenças, sem fundamento científico.

— É aí que você se engana, meu amigo. Antes da física atual, o inexplicável, era considerado mágico ou divino. A pouco tempo atrás, a eletricidade, era considerada magia.

— E você conseguiria explicar-me isso pela "sua" física?

— Posso tentar.

Primeiro, temos que analisar o ser humano físico, matéria.

Na matemática, toda vez que temos uma equação muito complexa para resolver, o que fazemos? Usamos um artifício chamado derivação. Ou seja, pegamos aquela equação complexa, a derivamos em uma forma mais simples, a resolvemos e depois a complicamos de volta, já resolvida.

Vamos derivar essa matéria homem reduzindo-o ao eu menor pedaço. A menor partícula completa de uma matéria é um átomo. E como é um átomo? É um núcleo com vários elétrons girando em volta. Agora vamos pegar o maior exemplo que conhecemos. O sistema solar.

Você percebe que, o sol, com os planetas girando em

volta. é o mesmo modelo ?

Pois eu lhe digo. Esse modelo, é uma constante em todo o universo do microcosmo ao macrocosmo. Por conta disso, temos que entender o ser humano como esse modelo também, já que tudo tem esse modelo.

Antes de 1500 o homem achava que a Terra era o centro do universo e eles não conseguiam entender a mecânica celeste. Um dia, um italiano visionário, disse que a Terra, não era o astro mais importante do nosso sistema e sim o Sol. E ele foi queimado na fogueira por isso.

Depois, vieram outros e, quando as instituições como a Igreja e a ciência, não conseguiram mais esconder essa verdade, finalmente eles a admitiram e, colocamos a Terra e o Sol, em seus devidos lugares.

O homem, domou seu ego, e tirou a Terra do centro do universo. Mas, infelizmente, ele ainda continuou lá.

Nesse momento, Phill pega um pedaço de papel, escreve uma letra e diz:

— Preste atenção em mais esse conceito. O que é isso?
— pergunta apontando para o que acabara escrever.

Ao que Joe responde:
— É o "A".
— E o que é, exatamente, o "A"? É uma letra? É um som? Para mim, o "A" é um som. Entende o que eu quero dizer?

Temos que entender, que o "A" falado, é a expressão sonora de uma idéia, e a letra "A" é a expressão gráfica dessa mesma idéia.

O mesmo acontece conosco.

Aquilo que você vê na frente do espelho de manhã, o Joe, matéria, é, na verdade, a expressão física da sua essência. É a manifestação da sua essência no plano físico. Se eu fosse professor de geometria, diria que voce, é a intersecção da sua alma ou espirito com o plano fisico.

Joe pensa em achar alguma inconsistência para poder discordar mas não consegue.

— Então, concordamos que existe uma essência, uma idéia, que seria o núcleo, que se projeta nessa dimensão, resultando no Joe. Certo?

Agora eu pergunto. Quantas dimensões existem?

— Não sabemos. Mas devem ser muitas. — diz Joe.

— Pois bem, se nossa essência, se manifesta nessa dimensão, de acordo com nosso modelo original, de um núcleo com elétrons em volta, com certeza, ela se expressa em outras dimensões também.

As nossas naves de luz, podem ser projeções de nossas essencias nesse outro plano. Quando tomamos consciência dela, podemos acessá-la pois, pela "minha" física, ela se torna realidade.

—É o homem holográfico! — diz Joe entusiasmado.

— Interagindo em um universo holográfico! Completa Phill.

— Um brinde aos nossos vários "eus"! — diz Joe.

— Acho que você já está em condições de participar de nossa reunião. — diz Phill satisfeito.

Do outro lado da cidade, Shine e Lisa, após saírem do supermercado, foram à casa de Naomi. Após o convite, ela mal pode esperar a noite chegar. Com Haylah, foi a mesma coisa. Ela promete que desta vez chegará na hora.

Em casa, após aquela conversa, que mais pareceu uma aula, Phill resolve ir para o quarto para descansar um pouco.

Joe está com seus pensamentos acelerados. Muitos conceitos novos estão modificando radicalmente sua maneira de pensar.

Sentindo-se nesse estado de excitação, ele resolve dar uma volta a pé pelos arredores do bairro. Ele precisa ordenar suas ideias.

Andando pela rua, meio sem rumo, ele se dirige a uma pequena galeria de lojas e resolve ver algumas vitrines. Após andar um pouco, ele avista um Cyber Café. Nesse momento, ele lembra que está há vários dias, totalmente desligado de seu mundo. Seu celular estava desligado no fundo da mochila desde que saíra de Santa Mônica. E ele nem sentira falta.

Ele entra no cyber, senta em frente a um computador e acessa seu e-mail.

Sua caixa de mensagens está lotada.

A primeira mensagem, é de uma das maiores empresas de recursos humanos da costa oeste. Seu presidente, é um famoso head hunter que está sempre nos noticiários e dando palestras no mundo todo.

Ele a deleta sem ao menos ler.

Sem paciência para ler todas as mensagens, ele nota na relação, vários e-mails de Samuel Black. Resolve abrir um deles.

Black quer saber por onde anda seu amigo. Diz que tentou várias vezes seu celular em vão e que queria saber se está tudo bem. Espera por noticias.

Joe decide ligar para ele. Qualquer dia desses...

Capitulo IX

A reunião

De volta à casa, estão todos na sala. Shine o apresenta ao resto do grupo.
Estão todos alegres e ansiosos para a reunião.
A noite estava chegando. Elas haviam preparado um lanche, e enquanto comem, a conversa gira em torno das novas descobertas sobre o andamento do plano, feitas por cada um deles.
Joe, participa como ouvinte. A cada novo detalhe, ele se impressiona cada vez mais. Em um dado momento, ele chega a pensar se tudo aquilo não seria uma dessas teorias de conspiração fantásticas, que sempre assombram e impressionam os mais crédulos. Ele começa a repassar tudo o que ocorrera com ele nos últimos dias e começa a rir sozinho.
Shine, percebe seu amigo rindo, sem ter ouvido nada engraçado e pergunta:
— Joe! Pode nos dizer porque você está rindo? Queremos rir também.
— Não é nada demais. Eu estou aqui ouvindo vocês falarem coisas tão fantásticas que por um instante pensei que isso poderia ser a maior mentira que eu ouvi em minha vida.

Depois, pensei mais um pouco e cheguei à conclusão que tudo isso não pode ser mentira.
— E porque não? — perguntam todos.
— Porque uma mentira seria mais simples.
Todos riram a valer.

Naomi conversa com Phill sobre sua ultima experiência em um dos vortex nos arredores da cidade. Lisa, começa a ler a mão de Joe, com Shine e Haylah atentas e curiosas ao que ela falava.

Eles haviam programado a reunião para mais tarde pois, há tempos não se encontravam e queriam por as novidades em dia.

Por volta das onze horas da noite, eles vão para o terraço. Shine afastara os moveis, e colocara um enorme tapete com seis almofadas em círculo. As luzes estavam apagadas para facilitar o relaxamento, e apenas a luz da rua, iluminava fracamente o ambiente.

Phill irá conduzir a reunião.

Eles acomodam-se nas almofadas, com as pernas cruzadas, em posição típica de meditação. Fecham os olhos e relaxam.

Após uns dois minutos em silencio, Phill começa a falar:
— Vamos agora, respirar mais profundamente, para aumentarmos o nosso relaxamento.

Eu quero agora que vocês comecem mentalmente, a soltar todas as tensões dos pés, subindo pelas pernas, passando pelo resto do corpo até a cabeça.

Eu vou agora contar até dez e, a cada número que eu for contando, vocês irão se aprofundando no relaxamento e abrindo uma janela desse plano virtual, na sua tela mental.

Conforme Phill contava, pausadamente, todos entravam

em um estado alterado de consciência, prontos para se projetarem nesse plano paralelo. E Phill continua:

— Vamos agora, mentalizar uma cúpula de luz envolvendo a todos nós, formando um escudo de proteção, para podermos iniciar nossos trabalhos.

Joe, acompanhava e fazia mentalmente o que Phill pedia. Ao mesmo tempo, ele estava atento para tudo que ouvia e sentia, movido pela curiosidade da primeira vez. Uma coisa que ele notara, é que, havia sons vindos da rua, como carros passando etc. Após a mentalização da cúpula, os ruídos sumiram e ele só ouvia a voz de Phill.

E Phill continua:

— Eu quero agora que vocês imaginem um tubo de luz, descendo vagarosamente por cima de suas cabeças, os envolvendo totalmente.

— Agora que já estamos envoltos por esse tubo, vamos nos imaginar, subindo flutuando por esse tubo bem devagar. Vamos subindo... subindo...

Ok! Agora eu quero que vocês se imaginem saindo desse tubo e entrando em um pequeno recinto branco, também todo de luz, da forma que vocês quiserem imaginar. Sintam-se em um lugar aconchegante... sintam sua textura... sintam de todas as formas que puderem.

Pronto! Vocês estão em seus merkabah´s, em suas naves de luz! Vão para suas missões e façam o que deve ser feito!

Joe estava raciocinando normal, tranquilo, e vendo exatamente tudo aquilo que Phill falava. Ele sentia realmente que estava em uma pequena nave de luz. Ele podia senti-la perfeitamente.

No momento que Phill diz: Vão para suas missões, Joe viu-se voando em altíssima velocidade, cruzando o país até a costa leste, atravessando o Atlântico e se aproximando de uma cidade no centro da Europa.

No instante seguinte, ele se vê em uma sala de escritório, repleta de obras de arte, uma grande escrivaninha e uma pessoa sentada pensativa. Ele percebe que é um grande empresário que precisa tomar uma importante decisão que afetará a vida de muitas pessoas.

Ele se coloca ao lado dessa pessoa e percebe que pode ler seus pensamentos. Ela por sua vez, não consegue percebê-lo. Mas fala com ele, imaginando que está somente pensando.

Esse empresário, é dono de uma das maiores empresas de aço que existe, com siderúrgicas espalhadas pelo mundo todo.

Suas empresas são responsáveis pela produção de mais da metade do aço consumido no mundo. Com o crescimento da economia na China, o aço está começando a faltar no mercado. Ele está sendo pressionado pelo governo americano através de seus senadores, fornecedores, e ministério da defesa, a aumentar drasticamente a cota programada de fornecimento de aço para a indústria armamentista americana, devido ao recrudescimento das atividades militares no oriente médio, após o 11 de setembro.

Para isso, ele terá que cortar o fornecimento de aço para vários países emergentes, com planos de investimentos baseados no faturamento da exportação de produtos como automóveis, geladeiras etc. Esse corte irá provocar a maior onda de demissão em massa que já houve nesses países, desestabilizando toda a economia, e contribuindo para o aumento da criminalidade, fome e miséria.

Joe está ao lado do empresário, vendo e sabendo perfeitamente tudo que está ocorrendo. Ele sabe inclusive o nome desse empresário, pois há pouco tempo atrás ele foi notícia mundial pela compra de várias empresas concorrentes.

O homem pega uma folha de papel, contendo a relação de seus maiores clientes e suas respectivas cotas de fornecimento. Ele se levanta, vai andando devagar até a janela e fica olhando para fora pensando. Joe ao seu lado, pode ver um rio que atravessa a cidade, com prédios antigos. Era um dia chuvoso e frio.

Nesse momento, ele pega a lista, levanta-a em direção a Joe, e fica parado olhando fixamente pela janela. Joe começa a ler e reconhece o nome das empresas que lá estão. Ele começa a dizer ao empresário apontando com o dedo no papel, quais clientes que deverão ter suas cotas aumentadas e quais que terão as cotas diminuídas. Para o setor de empresas bélicas americanas, ele indicou um corte de 32%.

Dito isto, ele põe a mão nas costas do empresário, despede se e vai embora.

— Eu quero agora, que vocês todos retornem...

Ele ouviu a voz de Phill.

Vamos calmamente, nos posicionando aqui em cima desta casa.

Se alguém tiver alguma informação que queira compartilhar conosco, pode se manifestar.

Nesse momento, Naomi começa a falar:

Ela está de olhos fechados e sua voz adquire um som muito suave, um pouco diferente de sua voz natural.

— No final dos tempos, haverá um julgamento e os bons herdarão o paraíso...

É isso que eu ouço falar desde criança.

Precisamos entender, que o tempo é uma grandeza infinita. Que sempre existiu e continuará existindo. Quem chega no final, somos nós por nossas ações e não o tempo.

Quanto ao julgamento final, mais uma vez, transferimos a nossa responsabilidade para um provável juiz, que viria dos céus para nos julgar. Será que não dá para perceber que nós mesmos devemos fazer o julgamento? E quem é melhor que nós, para nos julgar na hora da verdade?

E os bons herdarão o paraíso. Lá estamos nós de novo, passivamente aguardando uma herança, como se ela já existisse e chegasse pronta para nós.

E o que é o paraíso?

O paraíso é um estado de consciência.

No momento que todos nós soubermos, o que é certo e o que é errado, que fazemos parte de uma grande ciranda cósmica, em que todas as ações se inter-relacionam e interdependem, e que só o amor vibra em todos os planos e conecta todos os nossos "eus", aí sim, estaremos exercendo o nosso ser em sua plenitude. E o paraíso começará a existir.

Enquanto nós ainda acreditarmos, que o tempo um dia acabará, que virá alguém para nos julgar, e que o paraíso é um lugar pronto esperando para nos receber, nós continuaremos onde estamos, pois não estamos fazendo nada para chegar lá.

Chegou a hora de acordar e assumirmos a nossa responsabilidade.

Ela para de falar e ficam todos em silencio, pensando em suas palavras.

Nesse momento, Haylah fala:

— Estão misturando as coisas.

Quando será que nós vamos entender o que é o resgate, que muita gente fala?

Quando será que nós iremos parar de pensar como seres físicos e, pensarmos como seres cósmicos universais?

Segundo Phill, O corpo é apenas a representação física da nossa essência, e é ela que evolui.

Esse veículo de duas pernas, com sensores óticos

primários de identificação, que nem sequer nos permitem enxergar frequências vibracionais que nossos amigos animais conseguem, e que se desgasta extremamente rápido, num átimo de segundo, em uma contagem cósmica. Esse veículo que nos aprisiona, terrivelmente, fazendo-nos até esquecer a nossa capacidade de voar e de contatar com outros mundos os quais sempre nos fizemos parte...

Tem gente fazendo regime e mudando sua alimentação, para entrar na quarta dimensão... Isso, é a mesma coisa que imaginar quando dizemos que entrar na internet, é abrir uma porta e passar para dentro dos fios... Quarta dimensão não se entra... acessa-se, assim como a internet. Ninguém passa para a quarta dimensão. Nós a acessamos com a nossa consciência, aumentando a nossa frequência vibracional.

Eu faço contato. Ele é físico, real e verdadeiro.

Quando ele acontece, meu duplo dimensional é que fica no comando e, junto com ele, passo por experiências que todo o dinheiro do mundo não daria para comprar uma delas sequer... e eu não sinto falta do meu velho corpo terrestre, pois tenho um de última geração, bem mais apropriado para minhas funções... e eu me sinto ótima com ele... IN LAKE'CH !

Phill aguarda mais alguns instantes e, como ninguém mais se manifesta, ele fala:

— Vamos agora, preparar-nos mentalmente para o desligamento...

Vamos deixando esse ambiente, e descer pelo tubo, vagarosamente, para aqui onde estamos. Eu vou contar até dez...

Passando alguns momentos, eles começam a abrir os olhos, ajeitam-se na almofada. Suas fisionomias estão serenas, com um ar de felicidade estampado em seus rostos.

Joe está desconcertado. Apesar de ele ter passado pela experiência mais fantástica e fantasiosa de sua vida, estranhamente, ele está achando aquilo normal.

Shine, está com seus olhos cheios d´água e um sorriso que acentua mais a sua beleza.

Do lado de fora da casa, alguns vizinhos, estão nas janelas olhando para o céu. Alguém jura que viu bolas de luz passando rapidamente e à baixa altitude por ali. Se Joe estivesse lá fora, ele teria visto uma bola de luz igual à que ele vira naquela noite antes de entrar na estrada de Sedona.

Na casa, estão todos curiosos em saber se Joe conseguira conectar-se, e o que tinha feito.

Joe conta em detalhes, tudo que tinha presenciado, inclusive com o nome do empresário, local onde estava e tudo mais.

Lisa, entusiasmada, levanta se e diz:

— Eu vou ligar o computador da Shine! Temos que pesquisar alguma coisa sobre isso!

— Calma! — diz Phill. — Nada disso! Todos nós sabemos como as coisas funcionam. Se Joe, realmente fez alguma coisa, ele vai ter certeza a hora que a informação lhe chegar por si só. É assim que sempre aconteceu conosco. Vamos deixar esse sincronismo por conta do plano. Além de ser mais emocionante, Joe vai tirar suas próprias conclusões.

Lisa, ainda curiosa em checar a informação, concorda fingindo contragosto.

Estão todos sentindo-se realizados.

Joe não encontra palavras para expressar tudo o que está pensando.

Shine aproxima se de Joe, junto com Haylah e diz:

O Joe, está colhendo material para escrever um livro.

Seria muito interessante que você falasse sobre seu trabalho com as crianças índigo.

— Eu? Escrevendo um livro? Quem lhe disse isso? — Joe sentiu-se meio incomodado.

— Você não disse isso outro dia? Então eu pensei... acho que me enganei.

— Bom... Quer dizer... talvez! Não nego que estive pensando sobre isso.

— Então foi isso! Você deve ter comentado alguma coisa...

De qualquer forma, Haylah tem teorias muito interessantes sobre essas crianças. O trabalho dela é maravilhoso.

— Eu gostaria muito! —diz Joe meio sem jeito — Para colher material para o meu... livro. — diz isso olhando para Shine, balançando a cabeça com um gesto fingindo desaprovação e sorrindo.

— A hora que você quiser! — diz Haylah — Eu passo o dia na escola. Combine com Shine que por mim está bem.

— Faremos isso com certeza! — diz Joe agradecido.

Eu fiquei curioso com uma coisa... — ele diz continuando a conversa.

Na reunião, quando você terminou de falar, despediu-se com umas palavras que não entendi...

— In lake'ch. — diz Shine interrompendo.

— Isso...

— In lake'ch — explica Haylah — é um cumprimento maia que quer dizer: " eu sou um outro você " é o princípio do amor universal. A frase, por si só, se explica.

A noite termina e Joe está em sua cama sem conseguir dormir. Pensa em tudo que está acontecendo. Aos poucos ele vai percebendo que o destino o levou a conhecer essas pessoas, que partilharam suas vivencias e o acolheram como se fora um irmão. Sem nenhum interesse, com alegria e calor humano, exatamente como ele faria, se tivesse o conhecimento que eles tinham e quisesse compartilhar.

Pensando nisso, uma frase não saía de sua cabeça:
In lake'ch !

Capitulo X

Quebrando paradigmas

Depois que Shine falara no livro, Joe concorda que, realmente, seria uma boa idéia escrever pois, além de ajudá-lo a entender melhor o que está ocorrendo, ordenaria seus pensamentos e daria mais objetividade em sua busca. Seria uma espécie de diário de viagem, sem nenhuma pretensão comercial, onde ele colocaria seus pensamentos, seus questionamentos e, principalmente, tudo o que ele está vivenciando desde que saíra de Santa Clara.

Ele pega o celular em sua mochila e o coloca para carregar a bateria. Amanhã, ele iria ligar a Black para contar a novidade.

Joe acorda tarde e todos haviam saído. Ele vai até a cozinha e a mesa estava posta com seu café da manhã. Após comer alguma coisa, ele vai até a sala e escolhe um CD em uma estante onde há uma coleção de musicas dos anos 60, que Shine orgulha-se de ter adquirido, garimpando em sebos e em casas de amigos.

Por volta da hora do almoço, ele lembra de Black. Pega seu celular e liga:

Do outro lado, atende uma voz que diz secamente:
— Alô...
— Black? É o Joe ...
— Que Joe ? — diz de um modo brusco.

— Joe Campbell... Tudo bem?
— Joe! Que prazer! Desculpe o meu mau humor. Hoje é um daqueles dias que eu não deveria ter saído de casa. Meus telefones não param de tocar. É gente ligando do mundo todo. Aconteceu alguma coisa?
— Muita coisa... você nem imagina! Wall Street abriu hoje em polvorosa. Há rumores de que as maiores companhias de aço do mundo, re-escalonaram suas cotas de fornecimento e o nosso setor vai sofrer um corte substancial. Como você deve saber, nós dependemos deles para a alimentar nossas fabricas.
— Mas como aconteceu isso? — diz Joe. Ele sente um frio na espinha e seus cabelos da nuca arrepiarem.
— Estava tudo acertado! Há mais de seis meses, que vemos fazendo pressão em cima desses empresários para aumentarem nossas cotas de matéria prima devido a encomendas acima do normal, de vários governos.

Hoje de manhã, simplesmente, eu acordo com a noticia de que a maior empresa do ramo siderúrgico do mundo, fará um corte de mais de 30% para todas as industrias do setor bélico americano. Não é nada oficial. Mas temos pessoas muito bem informadas, você entende como é... disseram que esta decisão já foi tomada e, com certeza, as companhias menores, vão seguir a mesma orientação.

Eu não consigo entender... tínhamos proposta inclusive, de um aumento de preço que os outros paises não poderiam acompanhar.

Você nem imagina como estão as coisas aqui. Parece que o mundo vai acabar...
— Se Deus quiser...
— Como? Não entendi o que você disse... a ligação está cortando...

— Nada!... — diz Joe — não falei nada!

Eu liguei para dizer a você que eu resolvi escrever minhas anotações e quem sabe, isso poderá transformar-se em um livro.

— Serio? Que bom! Minha mulher vai gostar de saber disso...

Desculpe, Joe ... Tenho cinco ligações em espera aqui. Nos falamos outra hora... Boa sorte! Mantenha contato.Tchau.

A linha se interrompe e Joe fica olhando para seu aparelho... e pensa e voz alta:

— Eu acho realmente que preciso escrever alguma coisa sobre tudo isso que eu estou vivendo.

O pessoal chega, e Joe está na cozinha. Ele havia preparado tacos e salada para todo mundo.

— Pessoal! — diz Joe — Eu passei a manhã toda pensando em retribuir de alguma forma a acolhida que vocês deram a mim. Comprar presentes, não tem valor, pois o que vocês estão fazendo por mim não tem preço. Então, resolvi fazer essa pequena surpresa para vocês. Espero que gostem, porque é o único prato que sei fazer.

Eles riem da sinceridade de Joe.

Durante o almoço, Shine diz a Joe que falara com Haylah e que ela os estava aguardando durante a tarde. Ela diz também que gostaria que Phill e Lisa os acompanhassem. Todos concordam prontamente.

Phill e Lisa, saem antes, pois pretendem comprar telas, tintas e alguns cd´s para levar como presente às crianças da escola.

Haylah desenvolvera um método na aula de pintura, em que as crianças ouvem uma musica e a traduzem, literalmente na tela.

Ao chegarem à escola, Haylah estava no pátio de entrada, despedindo-se de um grupo de pessoas que entravam em uma van.

Ela espera o carro partir e vai ao encontro deles.

— Bem vindos! É um prazer recebe-los aqui.

— Estava com visitas? Pergunta Shine dando lhe um abraço.

— Sim, estava mostrando nosso trabalho a um grupo de educadores australianos que vieram nos visitar. Eles adotam algumas de nossas técnicas em suas escolas.

Nesse momento, Phill e Lisa, chegam carregando vários pacotes e juntam-se ao grupo.

— Já imagino o que seja! — diz Haylah animada, abraçando os.

— As crianças vão adorar esses presentes... Obrigado!

A escola fôra construída, seguindo orientações canalizadas por Haylah em meditações que ela costuma fazer em Cathedral Rock, um dos vórtices cósmicos interdimensionais da cidade.

Entrando por uma pequena alameda, toda arborizada, podia se ver, à direita, um playground ao ar livre com vários brinquedos. À esquerda, o prédio principal e, nos fundos, um salão aberto, cheio de mesas e cavaletes para trabalhos manuais e pintura.

Separando essas construções, um enorme jardim muito bem cuidado e, no centro, uma réplica em tamanho bem menor, da cúpula do monumento dedicado às artes, de um parque muito visitado em São Francisco.

Haylah convida-os primeiramente para irem ao seu gabinete, onde poderiam conversar mais à vontade, acompanhados de um chá de ervas com biscoitos.

Seu gabinete era amplo. Havia uma mesa de reuniões e,

em uma das paredes, estantes cheias de livros. Sua mesa de trabalho estava repleta de pastas que, segundo Haylah, era uma bagunça muito bem organizada. Em outra parede, inúmeros quadros com fotos de crianças em salas de aulas. Vendo-as mais de perto, Joe pode ler no canto das fotos, dedicatórias carinhosas à Haylah e os lugares de onde elas vieram. Alemanha, Portugal, Austrália, Brasil, África do Sul...

Já sentados à mesa de reuniões, Joe diz:

— Estou impressionado com seu trabalho. Não imaginava que o plano fosse tão abrangente a ponto de orientar até uma mudança no modo de ensinar as crianças.

Ao que Haylah responde:

— Acredito que esse seja um dos pontos principais e mais importantes, pois afinal, é para elas que estamos fazendo tudo isso. Elas são o nosso futuro. Elas que mudarão a realidade atual.

— É verdade, — diz Joe. — Às vezes, esquecemos qual a nossa finalidade de estarmos aqui na Terra.

Você poderia explicar-me afinal, o que são crianças índigo?

— Bom — diz Haylah — O nome índigo, é devido à aura dessas crianças, que tem essa cor.

No início desse plano que você está tomando conhecimento agora, seres altamente desenvolvidos, e espiritualizados, sob o comando do Conselho, começaram a levar pessoas aqui da Terra durante a noite enquanto dormiam, ministrando verdadeiras aulas de consciência, mostrando quem realmente é o ser humano e, provocando aqui na Terra, essa verdadeira corrida em busca do auto-conhecimento. Você com certeza já ouviu falar sobre as abduções de pessoas, pesquisados pelos ufólogos. O numero de pessoas levadas em abdução é enorme e os motivos também são vários dependendo da função destinada a cada abduzido , o que torna esse estudo muito complexo e cheio de controvérsias.

O mundo interdimensional, que podemos chamar de "espiritual", nunca esteve tão perto do ser humano como agora.

—A convergência... — diz Joe mostrando que já está entendendo alguma coisa.

— Exatamente! — diz Haylah.

Agora, nessa segunda fase, eles estão mandando crianças, já tratadas espiritualmente antes de nascer, que são as "star child´s" ou crianças índigo.

Essas crianças, chegam aqui na Terra, com sua espiritualidade já formada e um alto nível de consciência. Elas não vieram aqui para aprender e sim, para ensinar aos pais, um modo novo de enxergar o mundo. Além de terem sua memoria ancestral totalmente ativada, elas raciocinam, dentro de uma lógica cósmica que chega a ser desconcertante.

Se você for ensinar alguma coisa a uma dessas crianças, é melhor que você esteja certo. Caso contrario, ela o vai questionar, ao ponto de se tornar rude se você insistir.

Elas não aceitam uma autoridade absoluta, do tipo "faça isso porque eu quero". Sem convencê-la do motivo, ela não reconhecerá a autoridade. São verdadeiras destruidoras de sistemas pré-estabelecidos. Elas sempre acham uma maneira de fazer uma tarefa de outra forma mais simples e criativa.

Elas não aceitam serem tratadas por um adulto, como se fossem menos inteligentes que ele.

Várias dessas crianças, inventam seu próprio método de aprendizado para leitura e matemática.

Ao enfrentar um problema, com várias possibilidades de resolução, elas descartam todas e vão direto na mais viável. Elas nem enxergam as outras.

Por tudo isso, você pode imaginar que, dentro de uma estrutura de ensino, baseada em métodos desenvolvidos do início do século passado, elas estão tendo uma adaptação muito difícil.

Imagine uma criança, extremamente sensível, emotiva, com excesso de energia, que se entedia facilmente quando falam coisas que ela já sabe ou percebeu e, por isso, não se concentram, que necessitam de adultos emocionalmente estáveis e seguros, que se traumatizam com seus erros porque acham que não podem errar, frustram-se quando os pais não as compreendem, e o mais importante. Sentem saudades de um futuro que ainda não chegou.

— Isso é incrível! — diz Joe — eu mesmo, conheço filhos de amigos, que sem dúvida, estão entre essas crianças.

— E pode perceber que elas são tratadas como crianças hiperativas e com déficit de atenção! Diz Lisa completando.

— Você poderia dizer como esse processo foi feito antes deles virem à Terra? Pergunta Joe.

— Uma pequena alteração em seus DNA.

Nesse momento, Haylah pára sua explicação, esperando uma próxima pergunta de Joe , que está mudo pensando.

— Phill! — diz Joe pedindo socorro... — Estou precisando da ajuda da "sua" lógica.

Shine, Lisa e Naomi, ouvem tudo atentamente. Por mais que elas já tenham ouvido e discutido sobre isso noites inteiras, sempre alguma nova conclusão elas acabam por ter sobre esse assunto que tanto as fascinam.

Phill dá um sorriso, e entra na conversa.

— Eu acredito que, o dia que os cientistas quiserem entender alguma coisa sobre a alma do ser humano, eles deverão pesquisar o DNA. Não com essa física de nanotecnologia, e de computadores de última geração como está acontecendo. Mas com aquela "outra" física, de uma forma mais abrangente, holística, ou até mesmo espiritual.

Vamos usar aquele nosso famoso modelo? Lembrem-se daquela representação gráfica do átomo? Vamos agora, imaginar o DNA nesse modelo. Usando o nosso artifício de deslocamento do foco do centro, teremos a essência do DNA como o núcleo, e o DNA físico, como uma manifestação, ou projeção dessa essência.

A alma, é o banco de dados dessa essência. É o registro akáshico do DNA.

As crianças índigo, estão vindo à Terra, com essas informações liberadas. Elas a podem acessar mais facilmente que uma pessoa normal.

Os Indhus a chamam de mônada. — diz Shine.

— Seria uma mônada quântica... — diz Joe completando.

— E o que estaria registrado nesse banco de dados? — pergunta Lisa.

— A memória de todas as suas vivencias ou vidas, aqui nesse planeta e, talvez, em todos os outros que você tenha passado.

— Quer dizer que já passei por outros planetas? -- pergunta Lisa tentando não achar graça.

— É uma questão de bom senso. — diz Phill.

Se acreditarmos, que tudo foi criado em um primeiro momento, que podemos chamar de momento primordial, a sua mônada, também o foi.

Sabemos que o universo existe a bilhões de anos, com bilhões de estrelas e provavelmente, com trilhões de planetas. A nossa mônada, foi manifestada aqui no planeta Terra, há poucos segundos cósmicos atrás. Ora, pense um pouco: Onde ela estaria todo esse tempo?

— Acho que estou entendendo o mecanismo. Só não estou vendo, o significado de tudo isso. — diz Joe.

— Bom... — diz Phill. — Precisamos então, entender um pouco sobre a trajetória do ser humano, analisando de uma forma mais cósmica.

Primeiramente, teremos que esquecer tudo que aprendemos até hoje.

O homem, em seu delírio de grandeza, acredita que já descobriu como e quando o universo foi criado, como e quando a raça humana começou... os animais... ele tem explicação para tudo.

Você saberia me dizer, de que cor era o primeiro homem na Terra? branco? negro? amarelo? Deus criou primeiro o ôvo ou a galinha?

A cada dia que passa, eles admitem que o universo é mais antigo e maior do que se pensava. Antigamente eram alguns mil anos. Depois, passaram para milhões. Hoje são bilhões e amanhã, não sabemos. O mesmo acontece com sua dimensão

Vamos usar a matemática, que você sempre gosta.

Imaginemos a existência do universo como uma reta de eixo x. No meio da reta poremos um ponto que é o presente. Para a direita no eixo, está o futuro e para a esquerda o passado. O futuro sempre existirá portanto é uma reta infinita para a direita. Para esquerda, não sabemos. Como ela é infinita de um lado e, o passado, presume-se que sejam de bilhões de anos, ela tenderá ao infinito do outro lado. Se ela tende ao infinito, podemos considerá-la para fins de estudo, que ela seja infinita nas duas direções. Na matemática, é isso que fazemos para poder avançar nos cálculos.

Agora, vamos sobrepor nessa reta, a existência do ser

humano. Teremos então, do ponto que colocamos como presente, para a direita, uma tendência para o infinito e, para esquerda, se levarmos em conta o que a ciência afirma sobre o início da vida humana na Terra e, por consequência no universo todo, visto que ela não admite outros tipos de vida fora do nosso planeta, seria um segmento ínfimo de reta.

Você acredita realmente, que em um universo de bilhões de anos, a vida do que podemos chamar de homem universal, começou exatamente há um segundo atrás, em uma contagem cósmica? Mais um delírio egocêntrico do homo sapiens.

Vamos ser mais realistas em nossa ignorância e, ao invés de tentar entender a trajetória da vida humana desde seu começo cósmico, vamos usar a matemática de novo.

É impossível de se estudar uma reta infinita. Para isso, usamos um artifício, que é o de isolarmos um pequeno segmento dessa reta que o chamamos de dx , o estudamos e, depois, projetamos o resultado por toda a reta.

Vamos pegar então, um dx, que seria a trajetória humana aqui na Terra. Percebe, que o primeiro ponto dessa reta, é o início da vida humana na Terra mas não necessariamente, de sua trajetória cósmica? Portanto, ela deve ter vindo de algum outro lugar e, possívelmente, irá para outro sabe-se lá quando.

Phill ... — Pergunta Joe tentando achar alguma falha nessa teoria, para poder melhorar seu entendimento.

— Você diz que tudo foi criado em um momento primordial certo? Portanto, o numero de mônadas é o mesmo desde o começo de tudo. Como você explicaria que a população da Terra, está cada vez maior, se existe o mesmo numero de almas desde o início?

— Vamos fazer uma analogia. Imagine uma escola, que tenha turmas que vão desde o primário até o ult
imo ano da universidade. A Terra, seria um ano desse processo de aprendizado.

Todo ano, entram na escola, 400 alunos, vindos de suas casas. Quando chegam no ano "Terra", a quantidade de informações descartáveis, o excesso de distrações materiais, fazem com que eles percam o foco no aprendizado e poucos alunos conseguem notas suficientes para passar. Em outras palavras, eles se perdem na materia. Apesar disso, cada ano novo que se inicia, continuam entrando o mesmo numero de alunos.

— De vez em quando, — diz Shine — alguns alunos que conseguiram passar, ao verem que o estágio seguinte não tem quase ninguém, voltam e tentam ensinar às pessoas o que devem fazer para passar. São os avatares, como Jesus, Buda e outros.

E se você pensar bem, todos, tem em comum duas mensagens: amor e desapego às coisas materiais.

— Tem sentido! — concorda Joe satisfeito com a resposta.

E Lisa que até agora estava calada falou.

— Temos que carregar o disco rígido para fazermos um up grade.

— Que up grade? Que disco rígido é esse? — Phill dirige-se á sua esposa começando a ficar nervoso.

— Querido... — diz Lisa acalmando Phill.

— É igual a um computador... — diz ela tentando mostrar sua lógica.

Quando você tem um computador e carrega todo seu disco com informações, você faz um up grade. Vai à loja e compra um mais potente.

Conosco será a mesma coisa. Quando tivermos carregado o arquivo virtual de nossa essência com o aprendizado de todas as nossas vivencias ou seja, repleta de informação, o nosso criador nos fará um up grade para uma realidade maior. Você mesmo disse que a informação expande a realidade.

— Faz muito sentido! — diz Haylah achando graça.

— Entendo, mas não consigo ver um sentido para que tudo isso tenha que acontecer. — Diz Joe querendo levar esse assunto às ultimas consequências.

— Phill... Joe tem razão! Acho que estamos todos aqui querendo entender também o significado, o porquê disso tudo. — diz Shine.

— Eu também concordo com vocês. Temos então que voltarmos ao início de tudo.

O momento da criação, não é o marco zero. E sim, o momento máximo de um período anterior que foi a arquitetura da criação. Para a vida ser criada, essa grande força criadora precisou planejar no campo da idéia e, quando estava pronta, ela se projetou no plano físico.

Então, existiu uma força criadora que, em seu momento máximo, projetou a vida. Falta agora, um elemento que a impulsione e a faça continuar sua trajetória depois de criada. Tudo começará a fazer sentido se pusermos apenas mais uma palavra.

— Qual? — perguntam todos quase ao mesmo tempo.

— Evolução! -- diz Phill.

— Claro! — diz Joe, entusiasmado com tudo aquilo que ouvira. Sem a evolução, a vida não teria sentido.

Ele pensa um pouco, e fala à Phill;

— Podemos entender que a evolução, é um processo

contínuo.
— Certo! — diz Phill
— Mas... Se ele é um processo, e está sempre em movimento, tem que existir alguma força por trás, que o impulsiona.
— Verdade... — Phill pensa um pouco e diz:
— Vamos pegar, por exemplo, a grama do jardim que temos aí fora.
Se a força criadora, a criou em seu momento máximo, realmente, tem que ter alguma coisa que a faça evoluir depois de criada.
— Senão ela definhará e deixará de existir. — diz Haylah.
— E para que isso não aconteça, esse arquiteto, em sua grande sabedoria, criou a erva daninha, que atacará a grama, que terá que se superar, crescer, evoluir, para poder sobreviver.
— Podemos dizer então que, a adversidade, é o combustível da evolução. — diz Naomi.
— Que é o combustível da existência. — diz Haylah.
— Pessoal! — diz Shine com entusiasmo. Acabei de montar uma teoria!
— Vamos lá então – diz Phill. Comece pelos fatos...
— Ok! Primeiro fato: temos aqui na Terra, seres humanos de várias raças, de várias cores certo?
— Certo! — respondem todos concordando.
— Segundo fato: todos aqui sabemos, que seres vindos do espaço, levam material genético humano aqui da Terra para algum outro lugar.
— Certo! — concordam todos de novo.
— Imaginem o seguinte:
Foram colocadas aqui na Terra, cinco raças de cores

diferentes. Negro, branco, amarelo vermelho e verde.

— Verde? — diz Lisa meio confusa.

— O indiano! — diz Shine. — eles tem a pele cor de azeitona.

— Pode ser... — diz Joe em apoio a Shine.

— Pois bem... Cinco cores com cinco aptidões principais diferentes.

O negro, tem o corpo mais forte, mais resistente.

— É verdade — diz Naomi. — Eles ganham quase todas as medalhas em olimpíadas

— O branco, raciocínio para matemática, ciência. — continua Shine.

— O amarelo, paciência, disciplina e conhece como ninguém, os segredos de como usar o solo para tirar o máximo proveito na alimentação.

O vermelho. Sabedoria para viver em harmonia com a natureza

E finalmente o verde, poder mental.

Agora, se misturarmos tudo, após algum tempo, teremos um ser com todas essas características, com mais aptidões que qualquer raça individualmente, que estará em nosso DNA físico e estaremos aptos para fazer um up grade, desde que o nosso arquivo virtual também esteja cheio.

Joe faz uma observação.

— O que Shine diz, tem sua lógica! Pensem em uma coisa.

Os índios, foram dizimados pelo homem civilizado, quase em sua totalidade. Por causa dessa parcela indígena que nos falta, hoje, o planeta está com todo esse desequilíbrio ambiental.

— Sabem de uma coisa? — diz Lisa.

— Outro dia, eu assisti em uma matéria na tv, uma

entrevista com o Dalai Lama, em um congresso em São Francisco onde estavam participando, os mais conceituados cientistas, físicos e filósofos da atualidade. E ele disse o seguinte:

Que quando era pequeno, ele imaginava que Shambala, que é o paraíso deles assim como todas as religiões o têm, era um lugar espiritual. Hoje em dia, ele acredita na possibilidade de esse paraíso, ser um lugar físico. Imaginem que, para o Dalai Lama, que é uma das mais sérias personalidades religiosas do mundo de hoje fazer uma declaração pública dessa maneira, ele deve ter algum embasamento muito forte. Eu não tinha entendido essa sua afirmação. Mas agora, ela faz sentido para mim. Joe completa a teoria de Shine.

— Vamos então montar essa história.

Possívelmente, as cinco raças que chegaram aqui, já foram um aprimoramento de um outro ciclo anterior. Aqui nos misturamos, nos ramificamos, aprendemos e somos levados para um outro mundo, onde começaremos tudo de novo. É incrível! A natureza sempre nos mostrou isso e nunca fomos capazes de perceber.

— Como assim? – pergunta Shine.

— A teoria dos fractais! - Joe não consegue esconder sua euforia por entender e poder contribuir com alguma coisa que ele sabe.

Um fractal, é um conjunto de fórmulas matemáticas, que em uma definição simplória, seria como algo se repetindo em ordem geométrica, infinitas vezes.

Tomemos por exemplo uma planta. Do tronco nascem os galhos, que se ramificam formando mais galhos, que se dividem em mais galhos, até que se formam folhas, que se você perceber tem em suas nervuras o mesmo desenho, que darão frutos, que produzirão sementes que iniciarão um outro ciclo igual e assim por diante.

A árvore é vida, assim como nós também somos.

Quando nós identificamos um modelo na natureza, veremos que ele se repete indefinidamente, como é o caso do átomo e do sistema solar. Tudo é um sistema de movimento contínuo.

O que nos leva a acreditar que esse sistema chegou em seu ponto máximo e parou, é a nossa ignorância do que tem à frente. Mas isso não quer dizer que ele tenha parado.

— Ok. — diz Shine. Pela sua teoria, o nosso sistema solar, também é um fragmento. O magma no interior da Terra, deve ter a mesma composição do Sol. De onde se conclui que: A Terra, é um fragmento do Sol que por sua vez, é um fragmento de algum astro maior e assim por diante.

Então o "big bang" foi uma explosão de algum ciclo anterior? — Pergunta Shine meio confusa.

— Meu Deus! Não vamos terminar isso nunca... — diz Phill parecendo desanimado. — Estou começando a perceber uma coisa. O microcosmo e o macrocosmo se funde e se confunde. A partir do momento que você define sua concepção do microcosmo, terá a do macrocosmo que, por sua vez, será o microcosmo de uma realidade maior.

— Só está difícil de aceitar uma coisa... — diz Lisa pensativa.

Que aqui, a Terra, seja o paraíso de um ciclo anterior.. Já imaginaram como deveria ser lá?

Todos começaram a rir.

Após essa conclusão de Lisa, naturalmente, eles começaram a conversar entre si assuntos mais amenos. Estavam todos cansados mentalmente. É difícil de entender um assunto em que você tenha que quebrar vários paradigmas de uma só vez.

    Com a conversa terminada, Haylah os convida a darem uma volta pela escola, para que Joe possa conhecer mais alguma coisa do método desenvolvido por ela.

    Primeiramente, eles foram até o playground, onde tinha vários brinquedos. E Haylah começa a explicar:

    — É aqui que ensinamos o mecanismo cósmico e da vida. É como as coisas funcionam.

    Vejam que esse brinquedo, tem uma base de disco giratória, e as xícaras que estão em cima, giram sobre si mesmas. Vocês podem perceber que é quase o movimento de um sistema planetário.

    Essa montanha russa em miniatura, simboliza a trajetória da vida. Você sobe... E quando desce, você aproveita a energia acumulada para usá-la na subida de novo. É assim que devemos proceder na vida.

    Esse local gramado, são para os jogos ao ar livre. Nós não temos competições. Só jogos de cooperação e auto superação. A competição, estimula a animosidade.

    Andando mais um pouco, eles param em frente à pequena réplica daquele prédio circular, com cobertura em abóboda, do parque do Monumento às Artes em São Francisco.

    — Sei que vocês conhecem o original dessa pequena réplica. Esse teto em abóboda, é feito em uma peça única de cristal. Ele foi doado por uma empresa mineradora do Brasil. Essa construção tem uma função muito importante.

    Esse cristal, recebe e filtra raios vindos do espaço, os decompõe como em um prisma deixando passar para o centro dessa construção, no ponto de congruência da abóboda, apenas os raios benéficos positivos que incidem nas crianças que colocarmos bem no centro, para ativação de suas memórias. Esse processo, é comum em várias civilizações no universo.

Aqui nesse local, nós aproveitamos para trabalharmos com o desenvolvimento da intuição, que nada mais é do que a sua ligação com o seu outro "eu", e também, os ensinamos a meditar.

Lisa não poderia ficar sem fazer uma observação.

— Essa construção, é muito similar a um batistério das igrejas católicas. E se você perceber, eles colocam as crianças recém nascidas, bem embaixo da abóboda para as batizarem. Será que eles também sabiam disso?

— Bom... — Diz Shine. — De alguma coisa eles sabiam...

Finalmente, eles chegam ao salão de pintura.

— Aqui é o lugar que eles mais gostam.

— Estou curioso para saber esse método que todos falam! — diz Joe ansioso.

— Não é nada demais, eles exageram um pouco... — diz Haylah modestamente.

E ela começa a explicar:

— Primeiro, temos que entender o que é a musica.

A musica clássica por exemplo, é o esplendor divino passado para vibrações receptíveis pelos nossos ouvidos. Eles, lá em cima, tem a musica como uma vibração da alma que não cessa em momento algum.

Joe, mais uma vez, pede ajuda a Phill.

E Phill usa a "sua" física de novo.

— Toda ação, é gerada por um sentimento. Essa ação, desprende uma energia, que fica plasmada nessa dimensão em forma de vibração de ondas que pode ser captada por nós de diversas formas. Os compositores captam essa vibração e a transformam em uma musica que retrata exatamente aquele sentimento.

Haylah, faz as crianças ouvirem determinadas musicas, e fazerem o sentido inverso. Ou seja, através da melodia, eles chegam ao sentimento ou à ação que a originou.
 Vamos mostrar um desenho, para você entender melhor.
 Haylah pega um pequeno quadro na parede e mostra a Joe.
 — O que você está vendo nesse desenho? Joe observa demoradamente e conclui.
 — Parece-me um homem de barba, cabelos longos brincando com crianças em um jardim. Lembrou-me uma cena da vida de Jesus.
 — Perfeito. — diz Haylah feliz por Joe ter entendido o desenho.
 — Esse desenho, foi feito por uma criança de quatro anos. Ouvindo a musica: "Jesus alegria dos homens" de J.S.Bach. Essa criança, nunca tinha ouvido essa musica e nem tampouco, sabia alguma coisa sobre ela ou sobre Bach.
 E Lisa dá a sua contribuição:
 — Outro dia, estava pesquisando na web sobre Bach. Descobri que ele era maestro de uma igreja e dizia a todos, que ele não era compositor, pois apenas ouvia a musica dentro de sua cabeça e, as passava ao papel. Assim ele compôs mais de mil musicas. Acho que esse detalhe sobre Bach, autentica essa teoria.
 Nesse momento, uma das funcionarias da escola, vem avisar que estava na hora de uma videoconferência programada por Haylah.
 Rapidamente, todos se despedem de Haylah e Joe fala:
 — Não tenho palavras para agradecer a sua atenção. Sinto-me orgulhoso de conhecê-la e poder chamá-la de amiga.
 Espero cada vez mais, que as pessoas, realmente comecem a ver a importância de tudo isso que está

acontecendo e, que cada um de nós que pudermos fazer alguma coisa, que seja da forma e com o amor que você faz. —
Obrigado! — diz Haylah — Eu acredito que para termos um futuro, precisamos agir no presente.

    Ela sorri a todos e vai rapidamente em direção à seu gabinete.

Capitulo XI

Os vórtices

Na volta para casa, Joe decide parar em uma loja e comprar um notebook, para organizar as anotações que fizera em seu caderno de viagem pois, com o nível das informações, e a profundidade das experiências que está passando, ele percebe que está entrando em uma história muito maior do que ele jamais imaginara.

Sua idéia inicial de um diário de viagens, já estava começando a ganhar outro formato.

Chegando em seu quarto, Joe abre seu novo computador e começa a transcrever suas anotações. Conforme ele vai escrevendo, ele percebe que não será uma tarefa fácil. As experiências que ele está passando, não podem ser simplesmente colocadas, sem que haja uma preparação e reflexão. Tudo o que ele aprendeu e sempre teve como verdade, terá que ser revisto, dentro de uma nova realidade que, até então, ele imaginava ser apenas improváveis teorias de pessoas visionárias.

Após refletir por um tempo, ele abre um arquivo para "novos conceitos", que são as teorias de seus amigos, que estão mudando sua maneira de ver o mundo. Outro arquivo, para o "diário de viagem" com suas experiências, e outro, que ele chamou provisoriamente de "considerações", que seria sobre o que estaria passando por sua cabeça, desde quando ele começou a sentir aquela profunda insatisfação pela sua vida, e a mudança em seu modo de pensar, no transcorrer da viagem.

Ele desliga o computador, satisfeito por ter dado esse primeiro passo.

Enquanto ele se vestia para o jantar, alguns pensamentos vinham à sua cabeça.

Alguns meses antes dele tomar a decisão de desligar-se de sua empresa, Joe passou por vários médicos. Ele havia começado a sentir um cansaço inexplicável, uma necessidade estranha de se isolar de tudo e de todos. Seu coração acelerava sem que ele tivesse feito nenhum esforço físico. Pequenas confusões mentais, dificuldade de concentração, frustração, zumbidos nos ouvidos, e momentos de euforia e outros de melancolia sem nenhuma razão aparente. Pequenas e inexplicáveis dores pelo corpo, completavam o quadro.

Os médicos eram unânimes: ansiedade e estress.

Joe não concordava muito com isso, mas obedecia tomando Prozac.

Desde Los Angeles, que ele estava sentindo-se outro homem. Parou por conta própria de tomar o remédio, e estava ótimo.

Será que tudo isso tinha alguma relação?

A única coisa que o preocupava, era a de manter sua sanidade mental, diante do teor das informações que ele estava tendo acesso. Tinha momentos, que ele chegava a duvidar, pensando que talvez ele estivesse acreditando naquilo tudo, porque, na fundo, ele gostaria que fosse verdade.

Durante o jantar, Shine diz a Joe, que Naomi, o convidara, a ir até o vórtice de Boynton Canyon e, se ele

quisesse, ela telefonaria à Naomi, para que viesse pega-lo.
— Eu gostaria muito! Finalmente, terei oportunidade de conhecer um desses vórtices. Você poderia falar um pouco mais sobre Naomi e seu trabalho? — Pergunta Joe.

Shine faz um pequeno resumo de sua vida.
— Há uns anos atrás, Naomi estava desenganada pelos médicos.

Com várias seções de quimioterapia, seu estado estava tão debilitado, que ela resolveu interromper o tratamento e voltar para casa.

Após uns dias, ela pediu que a levassem até Boynton Canyon, pois esse é o lugar onde sempre ia para fazer suas meditações.

Nós a levamos de carro, e a deixamos lá por algumas horas.

Na volta, durante o trajeto, ela não disse uma palavra. Notamos que ela estava quieta e pensativa. Nós também, estávamos todos quietos pois no fundo, pensávamos que talvez, aquela seria sua ultima vez que ela iria naquele lugar que tanto gostava.

Quando a deixamos em sua casa, ela agradeceu e falou:
— É... temos ainda muita coisa a fazer!

Naquele dia, eu voltei para casa arrasada. Com tantas pessoas aqui na Terra, que não fazem nenhuma falta, o destino iria nos privar do convívio de uma pessoa que sempre nos enriqueceu com o seu modo de ser, com as palavras certas, nas horas que mais precisávamos.

Após essa noite, nos dias seguintes, notamos que sua fisionomia havia mudado. Ela estava mais sorridente, a cor havia voltado ao seu rosto e, ao cabo de três semanas, ela já estava em pé, cuidando do seu jardim.

Os médicos, não encontram explicações até hoje pra isso.

Dois meses depois, Naomi voltou a fazer suas meditações no Canyon, e começou a reunir pessoas em sua casa para falar sobre a nossa função aqui na Terra. Verdadeiras aulas de consciência, e de conselhos para todo aquele que estão em busca do auto-conhecimento.

Turistas de outros países de passagem pela cidade, começaram a visitá-la e hoje em dia, ela dá palestras pelo mundo todo.

Basicamente, ela tem a capacidade de mostrar objetivamente, quem é você e o qual a sua função.

— Eis uma coisa que, realmente, eu gostaria de saber. — diz Joe .

Por volta das 10 horas da noite, Naomi chega para levar Joe.

Shine havia combinado com Phill e Lisa, de visitarem uns amigos, e declinaram do convite de acompanhá-los feito por Joe.

No caminho, Joe pede a Naomi que fale um pouco mais sobre os vórtices.

— Existem aqui na Terra, vários lugares, que são autênticos portais de passagem de energia cósmica. O Conselho, usa esses portais, para passar informações, a todos aqueles que estão ligados ao plano.

Aqui em Sedona, existem quatro desses vórtices. Cada um, tem um tipo de energia, e está ligado a um aspecto do plano.

O vórtice localizado em Cathedral Rock, passa informações, a todos aqueles que estão em sintonia na freqüência das crianças índigo. Pessoas ligadas a esse trabalho, ao visitarem esse lugar, são carregadas de informação, que ao longo do tempo, vai sendo liberada em suas memórias. Elas estão fazendo uma verdadeira revolução nos métodos de ensino aqui na Terra.

O vórtice em Bell Rock, está ligado à outra parte do plano, que trata do desmascaramento das instituições. Com a ativação desse vórtice, várias instituições, políticas, religiosas, científicas, estão tendo que rever suas teorias e seus códigos de conduta pois, a verdade está se tornando aparente. Livros estão sendo publicados que estão jogando por terra, teorias que há pouco tempo atrás eram consideradas como verdades absolutas. Pessoas ligadas a esse vórtice estão muito preocupadas pois, nos próximos anos haverá uma escalada de violência por conta de fundamentalistas. Uma das ações que será usada para conter essa insanidade, é o aumento de aparições e experiências com os extraterrestres que fará com que muitos questionem suas crenças religiosas, diminuindo assim suas diferenças.

O Airport vortex, está ligado ao mundo material. Pessoas totalmente envolvidas com todo esse desenvolvimento da nossa sociedade, quer seja cultural, tecnológico, industrial, financeiro, da agricultura, que sempre basearam suas ações com o intuito de aumentar sua produtividade a qualquer preço, estão começando a questionar seus valores, pois estão chegando à conclusão que, o custo a ser pago por esse desenvolvimento está sendo muito alto. O desequilíbrio decorrente dessa corrida, está fazendo com que 10% da população, detenha 90% da riqueza. E o objetivo original dessa busca, com certeza, não era esse.

Empresários, cientistas, artistas e todos formadores de opinião estão ligados a esse vórtice.

— Os políticos também estão ligados a esse vórtice?
— Infelizmente não. — diz Naomi.

O plano todo é baseado em aumentar a consciência em uma parte da humanidade, que a tenha, por menor que seja.

Não se pode aumentar a consciência de quem não a tem. Os políticos, em sua quase totalidade, estão fora desse processo. Poucos estão incluídos no processo.

Deixei para falar por ultimo, sobre o vórtice de Boynton Canyon, para qual estamos indo. Pouca gente sabe, mas esse é o principal pois, tem uma ligação direta com o comando. É o canal central de informações. As pessoas que estão sintonizadas nos outros vórtices, recebem informações específicas em suas áreas de trabalho. Aqui, elas recebem informações sobre a função delas no plano. Eu costumo dizer que aqui é o tira - dúvidas.

Muitas vezes, as pessoas envolvidas em partes especificas do plano, ficam em duvida, da validade daquilo tudo pois não conseguem ter uma visão clara do plano como um todo e entram em crise. Quando passam por aqui e recebem essa energia, eles deslocam seus referenciais. É como se começassem a ver as coisas como um observador que está fora desse processo todo.

Eles saem daqui com a certeza de fazer a sua parte, sem questionamentos.

Nesse processo, muitas vezes você faz coisas, sem entender o porquê e, pouco tempo no futuro, você percebe que aquilo era o que deveria ser feito.

Quase chegando ao Canyon, Naomi sai com o carro da estrada e pára. A noite estava escura e eles podiam ver apenas os contornos das ravinas a algumas centenas de metros à sua frente.

Naomi estende no chão, duas esteiras indígenas e o convida a sentar.
— Eu pensei que iríamos andando até o começo da ravina... — diz Joe.
— Não. Aqui é o lugar certo.
Vamos nos sentar, fechar os olhos e aguardar...
— Aguardar o que? — pergunta Joe um pouco aflito.
— Vai acontecer alguma coisa?
—Talvez... — diz Naomi já em posição de meditação. Joe senta e procede da mesma forma de Naomi.
O vento frio do deserto, não o deixa relaxar. Ele abre os olhos e vê Naomi envolta em uma manta. Ela havia colocado uma igual ao seu lado. Ele a pega e a poe em suas costas.
Em poucos minutos, ele estava relaxado, de olhos fechados e nada acontecia. Por não saber o que esperar daquela experiência, começou a pensar em tudo o que estava passando. A sua vida, tudo o que já havia feito, e a insatisfação pessoal que o fizera largar tudo.
Nesse momento, ele percebe que sua tela mental, está começando a se iluminar, como se uma fonte de luz estivesse à sua direita.
Seu coração acelera. Querendo passar por essa experiência, seja ela qual for, respira fundo, relaxa, mas a luz não cessa. De repente, ele percebe em seu campo de visão periférico, que aquela luz era, na verdade, seu merkabah. Ele tenta manter a calma, e o raciocínio.
Lembrando-se de Phill, ele resolve deslocar-se, mentalmente, à sua nave de luz.
No instante que ele se vê dentro dessa luz, ela desloca-se em sentido vertical à altíssima velocidade. Ele começa a ver o solo distanciando-se cada vez mais, até passar por um

triangulo de luz e não ver mais a Terra, e nem nada em volta. Após alguns instantes nessa espécie de vácuo, outro triangulo aparece. Ao passar por esse, o ambiente à sua volta muda totalmente e ele se vê em um auditório, junto com outras pessoas. Ao todo eles são em quatrocentos. Joe reconhece várias delas. Estão todos usando uma espécie de macacão branco meio prateado.

À frente, em uma espécie de palco, uma mesa, com doze lugares começam a ser ocupados por senhores de idade avançada, com cabelos e barbas longas.

Após todos sentarem-se, um deles levanta-se, vai à frente e começa a falar:

— Parabéns a todos! Vocês conseguiram chegar à essa parte do processo e agora, as conexões serão feitas mais rapidamente. Está na hora de vocês começarem a se encontrar para poderem trocar informações e agirem mais objetivamente. Todos aqui, têm a plena consciência de onde estão.

Daqui para frente, nosso plano deixará de ser velado para ser aparente.

Chegou o momento das pessoas verem que alguma coisa está acontecendo e que é real.

Vocês foram desligados de suas atividades profissionais para que pudessem entender melhor no que estão envolvidos. Para alguns, esse processo foi um pouco mais doloroso, devido à constatação repentina de que tudo aquilo por qual lutaram e acreditaram, não passava de ilusão e que o real significado da vida, passa longe das posses, das realizações e das conquistas efêmeras.

A vida que vocês levaram até agora, foi necessária para que entendessem como pensam as pessoas às quais influenciarão nessa próxima fase que já está em andamento.

Tudo foi providenciado para que nada falte a vocês para poderem fazer seus trabalhos mais tranquilos.

Esse trabalho, vocês já o vem fazendo a algum tempo, através de seus duplos dimensionais sem terem consciência disso.

Porém, a partir de agora, todos vocês tem pleno conhecimento dessa atividade nesse plano em que nos encontramos.

Outras explicações mais especificas, continuaram por mais um tempo. O encontro termina com os ouvintes levantando se e cumprimentando-se uns aos outros. Nesse momento, Joe encontra Petersen, Dr. Gaudi e Sr. e Sra. Grant. Eles se abraçam calorosamente. Phill, Lisa, Shine, Haylah e Naomi, estavam em pé em um canto, assistindo tudo. Eles estavam rindo felizes, e acenavam a Joe como que dizendo: Vá, aproveite esse momento que é só seu.

À saída do auditório, em uma espécie de hall, estava Naomi e várias outras pessoas esperando por eles. Seus outros amigos, não estavam mais lá.

O ambiente que eles estavam era bem amplo, com o piso e as paredes parecendo serem feitos do mármore mais branco que existe.

Naomi o acompanha até a saída desse lugar.

Antes de voltar, já do lado de fora, Joe observa o prédio. Era exatamente igual ao Taj Mahal na Índia. O prédio com a cúpula terminando em ponta, e as quatro torres que serviam de propulsão àquela enorme nave.

No momento seguinte, ele estava de volta ao deserto.

Naomi está feliz por tê-lo ajudado a passar por mais essa experiência.

Ao deixa-lo em casa, ela tem a certeza de que o processo de conscientização do plano, por parte de Joe, está quase terminado.

Ele não tem palavras para agradecê-la.

A casa já estava com as luzes apagadas e, ao passar pelo terraço de entrada, Joe ouve uma voz:

— Foi bom o passeio? Phill estava sentado, no escuro olhando as estrelas.

— Nem imagina! — diz Joe

— Estou chegando à conclusão, que é agora que a minha vida vai começar. Antes era só preparação... — Os dois riem do comentário.

Shine e Lisa já estavam dormindo e Joe, depois do que passara, estava ainda um pouco agitado. Percebendo que não dormiria tão cedo, resolve fazer companhia a Phill e conversar um pouco sobre sua experiência.

— Naomi levou-me longe demais.

— Até onde você foi? — pergunta Phill divertido.

— Acho que fui até a fonte de tudo isso.

— Com Naomi não poderia ser diferente. Ela tem contato direto com a diretoria... — diz Phill em tom de brincadeira.

— Fiquei impressionado. Tinham 400 pessoas junto comigo. E todos com a mesma função.

— Entendo. O que me fascina nesse plano, é que ele é elaborado estrategicamente, nos mínimos detalhes. — diz Phill

. — É verdade! Descobri que eu sou uma espécie de conselheiro de um empresário, em uma dimensão paralela.

— Eu não diria empresário... e sim de um megaempresário. Pelo que sei, vocês são em 400 conselheiros, que estão ao lado de 400 empresários do mundo todo, que foram escolhidos meticulosamente por serem pessoas acostumadas a tomar decisões que afetam metade do planeta.

Há muito tempo, que vocês recebem, nesse plano

paralelo, informações de consciência. Em um determinado momento, vocês foram direcionados e começaram a agir através de seus corpos astrais junto à esses empresários, durante as horas que eles estavam pensando e precisando de conselhos. No início, nem vocês sabiam que isso acontecia, pois era responsabilidade exclusiva de seus duplos dimensionais. Com o andamento do plano, e a busca por respostas por parte de vocês, isso se tornou aparente.

— Você também é um conselheiro? — pergunta Joe.
— Eu trabalho em conjunto com eles.
— Poderia explicar melhor?
— Eu comando uma espécie de legião de voluntários que acessam seus merkabah´s.
— Aquela reunião que fizemos onde você viajou em seu merkabah, eu já a fiz para centenas de pessoas. Quando precisamos dar algum apoio a um trabalho, do tipo do seu, eu os reúno, na outra dimensão e fazemos a nossa parte.
— Ele chega a ser também elaborado em detalhes?
— Claro! para você ter uma idéia, no ano de 2002, os paises do terceiro mundo, liderados pelo Brasil e África do Sul, questionaram a Organização Mundial do Comercio a OMC, sobre o direito de fabricar medicamentos genéricos, com o mesmo principio ativo dos fármacos patenteados pelos grandes laboratórios, sem pagar a licença, que muitas vezes era maior que o preço do próprio remédio.

Alegando a "Declaração de Doha", sobre propriedade intelectual, os EUA, e outros países europeus, tentaram bloquear a todo custo essa autorização.

Nós fomos convocados a "convencer" os membros dos 146 paises para que ela fosse aprovada. Entre o pedido, e a autorização, foram 8 meses que nos reuníamos semanalmente, para esse trabalho específico.

Com esse acordo histórico, alcançado pela OMC, milhares de pessoas hoje, estão vivas graças a esses remédios que ficaram com preços bem mais acessíveis.

— Isso deve lhe dar uma satisfação imensa... — diz Joe.

— Chega a ser emocionante. Nós fazíamos o nosso trabalho e depois, acompanhávamos os acontecimentos pelos noticiários.

Com o protocolo de Kyoto, foi a mesma coisa. Os EUA, haviam convencido os paises que mais produzem o dióxido de carbono a não assinarem o compromisso de diminuição de suas emissões desse gás.

Foram 6 meses de luta. No final, 160 paises assinaram.

— Você não teme, um dia, sentir-se poderoso por causa disso?

— Nunca pensei nisso. Primeiro, que nossos merkabah´s só funcionam se forem acessados com sentimento. Com o amor que sentimos ao próximo. Quando você vibra com esse sentimento, você não consegue enxergar outra finalidade para isso.e não existe o risco de alguém acessar seu merkabah com sentimento de cobiça, vingança e fazer alguma ação negativa?

— É fisicamente Impossível! –diz Phill.

Entenda uma coisa: Cobiça, raiva ou qualquer outro sentimento menor, sempre tem uma explicação, digamos assim, terrena, material. Você cobiça um objeto ou uma situação real, você tem raiva porque alguma coisa não está como você planejou etc. Qualquer um desses sentimentos, você vai encontrar explicações nessa nossa realidade física. E o amor? Você conseguiria explicar-me porque amamos? Pense um pouco... Se não encontramos explicação para o amor nessa dimensão, logicamente, esse sentimento não pertence à essa dimensão. Se você tem um trabalho, em outra dimensão, que você tenha que usar um sentimento para que ele se realize, o

amor é a sua única opção.
— E para você, Phill. O que é o amor? Ele pensa um pouco e responde.
— Entre outras coisas, é externar a centelha divina da sua essência, entendendo as pessoas exatamente como elas são. Sem julgamentos.
— Acho que você tem razão. — diz Joe.
Naquela noite, em seu quarto, ele abriu em seu computador o arquivo de novos conceitos e escreveu alguma coisa. Quanto ao que se passou no vortex, ele deixa para escrever outro dia, pois tem que pensar a respeito para poder escrever da melhor forma possível. Ele ainda está muito impressionado e um pouco cansado.

No momento de desligá-lo, Joe lembra das palavras de Phill sobre canalização e escreve uma pergunta:
Quem são vocês?
Ele fica olhando fixamente para a tela pensando ... Será que fazer uma canalização é tão simples assim? Ele relaxa e fecha os olhos. Passados uns instantes, ele os abre, e começa a teclar:
"Anjos nós somos. Que todos também chamam outros. Não será de todo informe o que verás. Já nos viram em outras épocas, e estamos retratados em paredes do velho mundo. Não entenderam na época, o porquê de nossa aparição. Ficaram cegos por nossa presença. Agora será diferente. Nós o estamos preparando há muito tempo para que tenhas a exata dimensão do ocorrido a ocorrer a você.
Aguarde em breve um convite para encontro."
Nesse momento, ao escrever a ultima frase, ele se assusta com o teor da mensagem e perde aquele estado propicio de relaxamento.

Ele a lê várias vezes, analisando se não seria invenção de sua cabeça ou sugestão por ter passado por aquela experiência anterior.

Não chegando a uma conclusão, fecha o computador preocupado. Ele que sempre fora uma pessoa racional, está avançando rapidamente em um campo totalmente desconhecido e aparentemente irreal.

Mais uma vez, ele demora a dormir.

Capitulo XII

Preparação

De manhã, encontraram-se todos na mesa do café.
Joe ainda está um pouco confuso. Envolvido nesse turbilhão de acontecimentos inusitados em tão pouco tempo, que é difícil para ele assimilar tudo e tirar conclusões.
Sentado à mesa, ele fala aos outros:
— Eu consigo entender que exista esse plano, mesmo porque, os acontecimentos que acompanhamos pelos noticiários, contribuem para que acreditemos que realmente alguma coisa está acontecendo.
O que está sendo difícil para mim, é saber que eu faço parte de tudo isso, com um envolvimento em um nível jamais pensado por mim.
Realmente, eu sempre pensei, desde criança, que algum dia eu faria alguma coisa especial. Não sei por que, mas sempre tive essa idéia. Eu achava, que o simples fato de eu ter nascido e existir, teria que ter uma função, que desse sentido a isso. Caso contrario, seria um grande desperdício.
Tentei achar repostas na religião, mas sempre foi difícil aceitar a palavra religiosa como verdade absoluta pois, suas explicações, nunca me satisfizeram.
Participei de reuniões, com um mestre budista tibetano,

e ele falava de universo, leis de causa e efeito, outros planos de consciência e de uma realidade paralela. onde interagíamos através de uma forma-pensamento.

    Infelizmente, quando voltei de Berkeley para minha cidade, com o trabalho, depois o casamento, desliguei-me disso tudo e a única lembrança que tenho desse tempo, é um pensamento que li no Upanishad indiano, que mandei emoldura-lo e tenho em meu escritório até hoje que diz o seguinte:

"O que for, a profundeza do seu ser, assim será o teu desejo.
O que for o teu desejo, assim será a tua vontade.
O que for a tua vontade, assim serão os teus atos.
Os que forem os teus atos, assim será o teu destino".

    Esse pensamento, sempre foi de uma verdade muito clara para mim. Agora, pelo que estou passando, ele está parecendo uma profecia. Aquela vontade que tínhamos quando jovens, de querer mudar o mundo... Está acontecendo. Tem momentos que eu penso que tudo isso é um sonho e eu não quero acordar para que ele não acabe.

    — É assim que todos nós nos sentimos também — diz Shine.

    Ás vezes, eu penso, que meu trabalho, tudo o que descobrimos e fazemos, seja invenção de nossas cabeças, como desculpa, para fugirmos do mundo real.

    Quando isso ocorre, rapidamente, chega alguma noticia ou algum fato, que não nos deixa dúvidas de que tudo isso existe e está acontecendo agora.

    — Conosco é a mesma coisa — diz Phill

    Na universidade, temos contato com muitas pessoas

todos os dias. Chega a ser até engraçado. Lisa e eu, temos uma maneira de perceber, se as pessoas estão ou não participando do plano.

— Gostaria de conhecer esse método... — diz Joe interessado.

— É bem fácil...

— No refeitório, basta observar aqueles que servem-se com uma comida mais leve, com saladas e sem carne vermelha. Conversam normalmente, sem serem ruidosos.

Na maneira de vestir, usam sempre roupas básicas, de preferência, cores suaves. Nada de cores berrantes.

Se estiverem de camiseta, com alguma mensagem escrita, pode apostar que é um pensamento que o faça refletir.

Estão sempre ajudando os outros. Não estudam mas tiram notas altas. Ouvem músicas agradáveis.

— Na biblioteca, — diz Lisa. — Estão sempre procurando livros sobre civilizações extintas, meditação, filosofias orientais, ufologia..

— Faz sentido. — diz Joe — Eu não consigo imaginar, pessoas que fazem parte desse plano, agindo de outra maneira. Cada vez mais, eu acredito que são as nossas opções que nos definem.

— E quais são seus planos agora? — pergunta Shine.

— Eu tomei uma resolução. A partir de hoje, começarei a escrever mais seriamente, tudo o que aconteceu comigo. Começarei pela minha adolescência, meus sonhos, a minha formação acadêmica e a minha trajetória profissional. Apesar de ter conseguido mais do que sempre sonhei, falarei da minha insatisfação, o que sentia e pensava, até resolver fazer essa viagem fantástica e perceber, que nada na minha vida aconteceu por acaso. Tudo era uma preparação para que eu pudesse a partir desse momento, fazer a minha parte dentro dessa verdadeira conspiração cósmica. Tenho que passar isso a outras pessoas que, assim como eu, estão vivendo essa realidade, e ainda não tem consciência disso.

Espero, através desse livro, despertar todos aqueles que já tenham perdido as esperanças de fazer um mundo melhor, assim como eu já havia perdido também.

— Qual será o título do livro? — pergunta Shine entusiasmada.

— Que tal: " Viagem fantástica"? — diz Lisa.

— Parece um bom nome... Joe gosta da idéia.

— Se precisar de ajuda, pode contar com seu amigo aqui. — diz Phill, solicitamente.

Os outros todos também concordam.

— Bom! — diz Shine entusiasmada com a noticia.

— precisamos então, coletar mais material para seu livro. Eu soube hoje de manhã, no mercado, que nessa madrugada, houve uma aparição de um óvni em Flagstaff. Era um objeto voador não identificado imenso, parecido com o que foi visto há uns anos atrás na cidade de Phoenix.

Naquela época, ele ficou por várias horas parado em cima da cidade e foi fotografado e filmado por várias pessoas. É fácil você encontrar vídeos dessa filmagem na internet. Depois, soubemos que ele apareceu em várias partes do mundo. Nós poderíamos dar uma olhada nisso....

— Vocês estariam dispostos a irem comigo até lá? — pergunta Joe interessado em mais essa experiência.

— Claro! — dizem todos ao mesmo tempo.

— Esse é o nosso programa favorito! — diz Lisa animada.

— Nós já tivemos a sorte de vermos coisas incríveis. — diz Shine.

— Então está combinado. Hoje á noite, iremos todos à Flagstaff. Sairemos às 9:30 da noite. — diz Phill.
— Todos concordaram.

Com a expectativa desse passeio um pouco fora do comum, para Joe, as horas do dia não passavam. Ele andou pela cidade, foi à uma livraria, comprou um livro sobre o calendário maia, tentou escrever alguma coisa no seu notebook, mas a ansiedade foi mais forte. Era muita coincidência, Shine convidá-lo a um programa desse tipo, algumas horas após ele ter feito aquela canalização que terminava dizendo: *"aguarde em breve, um convite para encontro"*

Ele preencheu sua tarde, lavando e fazendo uma pequena manutenção em sua motocicleta na garagem da casa de Shine.

Polindo com uma flanela o tanque da moto, Joe lembrava o quanto era prazeroso esse tipo de trabalho. Com o sucesso de sua vida profissional, e o dinheiro que havia acumulado, a vários anos, que um serviço como esse, seria feito por algum empregado de sua casa.

Pensamentos soltos vinha à sua mente.

Ele lembrava dos meses que passou para decidir-se pelo modelo, a cor, os acessórios. Aquela mesma satisfaçãoque sentira ao sentar na moto pela primeira vez, ele a sente até hoje.

Aquela motocicleta, tinha para ele um significado muito maior que um simples veículo de locomoção.

Pensando nessa relação do homem com sua máquina, começa a rir sozinho.

Pela teoria de Shine, se não houvessem dizimado quase todos os índios, ele estaria ali, escovando o seu cavalo.

Ele gosta de animais... Mas a motocicleta tinha sua

preferência. Ela é seu cavalo de aço.

Aquele trabalho mecânico, onde não se usa o raciocínio, o convidava a mais reflexões.

Quantos homens estariam naquele momento, cuidando se seus cavalos de aço ou de seus automóveis... Milhares de veículos sendo fabricados naquele momento... Usinas siderúrgicas produzindo milhares de toneladas de chapas e perfis...

A maioria das aciarias, utilizam como combustível em seus fornos, carvão vegetal e mineral. Ele tenta imaginar, a quantidade de arvores que são derrubadas por dia para alimentar essas usinas e a altíssima poluição causada pelo mineral.

Ele lembra de seu amigo virtual em seu escritório, em algum lugar da Europa.

Será que ele se preocupava com isso?

Capitulo XIII

A realidade de um encontro

Às 9:00 da noite, estavam todos prontos.
Saíram de Sedona pela Highway 89 para, depois, pegarem a Interestadual 17 que vai direto a Flagstaff.
Phill dirigia com Joe à seu lado. Shine e Lisa iam no banco de trás.
Eles iam conversando.
— Há uns anos atrás, — contava Phill a Joe. — Eu e Lisa estivemos em um congresso de ufologia em Las Vegas, e um ufólogo, de renome internacional que mora em Phoenix, deu uma palestra sobre essa famosa aparição sobre sua cidade, que ficou famosa no mundo ufológico.
Ele contou que estava em sua casa quando, no início da noite, seu telefone não parou mais de tocar. Eram pessoas de seu círculo de amizades, dizendo que estavam vendo várias luzes, em forma de um triangulo, pairando sobre a cidade.
Ele pegou seu carro, foi a um ponto mais estratégico, e filmou por várias horas esse fenômeno.
No dia seguinte, fotos na primeira página em todos os jornais da cidade, entrevistas com testemunhas, foi o assunto principal entre os moradores. Durante semanas, não se falou de outra coisa.
Em uma entrevista à uma estação local de televisão

sobre esse evento, ele aproveitou e pediu para quem tivesse filmado o fenômeno, entrasse em contato com ele.

Desse modo, ele conseguiu 12 filmes de ótima qualidade, feitos em vários bairros da cidade.

Com um mapa, ele foi em cada ponto de filmagem, medindo ângulos, perspectivas, altura e chegou á conclusão, que esse objeto estava à baixa altitude e deveria ter um tamanho superior a vários jatos 747. Foi impressionante.

Concluindo sua palestra, ele fez uma observação que deixou-me intrigado.

Com uma aparição daquele porte, noticiada em todos os jornais de Phoenix, com fotos etc, ele imaginava, que no dia seguinte, todos os jornais da costa oeste, estariam relatando o fato. Mas isso não aconteceu. O silêncio foi total.

Ele começou a ligar para os grandes jornais de Los Angeles à São Francisco, falando com seus editores sobre o acontecimento e eles diziam que iam averiguar, mas não davam muita importância ao caso. Até hoje, nenhuma noticia foi divulgada por jornais de circulação nacional.

No final do encontro, tivemos a oportunidade de conhecê-lo, e aproveitei para discutirmos sobre essa sua ultima observação.

Disse a ele, que já ouvira várias vezes, que o governo norte americano, controlava e censurava noticias sobre esse assunto. E que esse fato, confirmaria essa tese.

Para minha surpresa ele, que já havia pensado muito sobre isso, discordou.

— Eu também já ouvi sobre isso, e acredito que esse exemplo confirmaria. — diz Joe.

Pois é... — diz Phill. — Mas esta não era sua opinião.

Ele chegou à conclusão, que esse fato é mais complexo.

Analisando as aparições, ao longo dos últimos 50 anos, ele descobriu que primeiramente, esses objetos apareciam em locais isolados, para uma ou duas pessoas. Com o tempo, começaram a aparecer em pequenas cidades, e hoje em dia já aparecem em cidades maiores. Isso deve ter uma finalidade. Ele acredita que exista uma espécie de plano de conscientização da presença deles, feito passo a passo, bem devagar. Eles fazem essas aparições programadas para que cada vez mais, as pessoas acostumem com suas presenças.

O grau de desenvolvimento deles é tão grande que, se eles decidirem serem vistos por um numero exato de pessoas naquele dia, eles o farão. Aquela aparição, era para ser vista e assimilada somente pelas pessoas da cidade de Phoenix. E foi isso que aconteceu.

Quando ele falava com os editores dos jornais, e contava o caso, parecia que eles não processavam a informação. Era como se ele estivesse relatando um simples roubo de carteira.

Esse fenômeno de avistamentos de naves, precisa ser estudado e interpretado mais profundamente.

— Eu imagino! — diz Joe. — Não teria fundamento, essas naves viajarem distâncias inimagináveis, apenas para serem vistas por nós, sem um objetivo maior.

A noite estava agradável. Havia pouco tráfego na estrada e Phill estava conduzindo o carro em velocidade moderada, sem pressa. Eles haviam saído do ramal e já estavam na Interestadual 17 rumo a Flagstaff.

Joe, ouvindo aquele relato, pensava nesse processo todo, nas mudanças que sua vida estava tendo, ao inteirar-se cada vez mais nesse assunto.

Ele sente uma leve sonolência e, apesar de consciente, fecha seus olhos.

Shine e Lisa estão caladas.

No interior do carro, o único som que se ouve, é o leve ruído de motor.

A cidade de Flagstaff, fica a 60 km de Sedona e, após uns 40 minutos de viagem, já se avistava, ao longe, o clarão das luzes da cidade.

Nesse momento, Phill em um movimento brusco, entra no acostamento e pára o carro.

— Pessoal ! Olhem lá!

Joe abre os olhos e vê Phill já fora, em frente ao carro, olhando e apontando para cima.

Todos descem rapidamente e juntam se a Phill.

— Incrível ! — diz Shine. — Eu não imaginava que ela seria tão bonita assim!

Eles estavam parados a uns 8 km da cidade, e na metade da distância entre eles e a cidade, várias luzes, extremamente brilhantes, fazendo um formato em V , pairavam no céu a, talvez, uns 1000 metros de altura.

Não dá para descrever exatamente, o turbilhão de sentimentos e emoções que tomou conta do grupo. Shine e Lisa, eufóricas, riam e choravam ao mesmo tempo, como se tivessem ganho o maior presente do mundo. Phill olhava fixamente o objeto, tentando ver sua silhueta, pois somente as luzes eram visíveis. Ele tentava manter se calmo, para poder tirar algumas conclusões pois, em outras ocasiões, ele ficara tão excitado que, só depois que o fenômeno acabava, ele percebia que se tivesse ficado mais calmo, poderia analisar alguns aspectos, só possíveis quando se está observando o fato.

Joe não acreditava no que estava vendo. Seu primeiro pensamento, foi de que aquilo, seria um balão, depois, helicópteros em formação. Cada nova hipótese de alguma coisa feita pelo homem, era imediatamente descartada pois não se enquadrava nos detalhes. Ele não sabia o que pensar. Até hoje, ele se arrepende de ter duvidado do que estava vendo, pois se tivesse admitido a ele mesmo que aquilo era uma nave extraterrestre, ele teria aproveitado mais aquele momento.

A emoção passada naquele instante, criou um vinculo de amizade entre eles que perdura, na mesma intensidade, até hoje.

A nave ficou ali parada por quase uma hora. Foi a hora mais rápida que eles já passaram na vida.

Em um dado momento, as luzes começaram a piscar alternadamente, e o objeto começou a deslocar-se vagarosamente. Após alguns instantes, aumentou sua velocidade e sumiu.

Nesse momento, eles perceberam que estavam, um ao lado do outro, encostados na frente do carro, abraçados. E assim ficaram por um bom tempo.

Shine foi a primeira a sair daquele estado de êxtase.

— Tenho a impressão que depois de hoje, todas aquelas dúvidas que sempre vem às nossas mentes, sobre o que estamos fazendo, deixarão de existir. Acredito que para nós, o plano estará entrando em uma nova fase mais real.

— Sabem de uma coisa? — diz Joe . — Estou um pouco preocupado. Acho que um dia, eu terei saudades do tempo em que eu não sabia nada sobre isso e de suas implicações...

Todos olharam para Joe e, silenciosamente, também concordaram.

Por mais algum tempo, eles ficaram conversando sobre o que cada um viu e sentiu da experiência, até que resolveram voltar para casa,

Eles entram no carro, Phill faz o retôrno e seguem em direção a Sedona, deixando as luzes da cidade de Flagstaff para trás.

A volta é tranqüila e eles estão animados para, em uma próxima reunião com o grupo, tirar mais algumas conclusões sobre o plano.

Passados uns trinta minutos, Phill avista o clarão da cidade.

Ele começa a olhar mais detalhadamente, e faz uma observação:

— Faz tanto tempo que venho aqui e não tinha percebido como a cidade cresceu. Agora, vendo as luzes da cidade, eu estou impressionado. Ainda lembro-me de Sedona, do tamanho de um bairro.

Shine, no banco de trás, olha para frente e diz:

— Nossa! Você tem razão... Espere um pouco... Phill! Nós não estamos na Interestadual 17? Para chegarmos a Sedona, ainda temos que pegar um acesso de 15 km. Essas luzes de cidade que estamos vendo não são de Sedona.

— Não pode ser... — diz Phill. — Nós pegamos essa estrada, fomos até uns 8 km antes de chegar a Flagstaff, fizemos meia volta e voltamos por ela. Vocês todos sabem disso. Pelo tempo que já rodamos, deveríamos estar chegando ao ramal para Sedona.

Nesse momento, uma placa na estrada avisa:

Flagstaff 8 km

Lisa dá um grito:

— Phill!... Pare de brincar! Não é hora para isso. Você está me assustando!

— Eu não estou brincando! — diz Phill. — Eu estou confuso também.

Ele pára o carro no acostamento.

— Alguém pode dizer o que está acontecendo? — pergunta Joe preocupado.

Shine diverte-se com a situação. Ela tem uma leve idéia

do que pode ter acontecido mas fica calada.
— Joe!... Por favor... abra o porta luvas e pegue um mapa que tem aí dentro. — Phill não conseguia esconder sua aflição.
Joe entrega-lhe o mapa. Phill o abre e começa a olhá-lo.
— Pessoal! Pelo mapa, e pela distância que já rodamos, nós paramos o carro no acostamento, a uns 8 km da cidade de Williams, e não de Flagstaff.
— Não pode ser! — diz Shine. — Para chegarmos à Williams, teríamos que ter passado por dentro de Flagstaff e não passamos. Todos temos certeza disso.
— Depois do que vimos, eu não tenho mais certeza de nada. — diz Joe.
— Bom... — diz Phill . — Nós estamos todos aqui, vivos, inteiros e conscientes. Alguma coisa aconteceu que não podemos ainda explicar. Vamos continuar por essa estrada e depois pensamos sobre isso. Não podemos ficar parados aqui para sempre.

Todos concordam e Phill retoma a viagem. De fato, 8 km depois, eles entram na cidade de Flagstaff. Eles estavam na Interestadual 40, que vai de Flagstaff à Williams.

Eles passam pela cidade e pegam a I-17 agora, para Sedona.

Shine não tem mais dúvidas. Todos passaram por uma experiência, bem maior que imaginam.

Durante o resto da viagem, cada um tentava lembrar em detalhes, todo o trajeto de ida, até o momento que viram a nave.

Eles chegaram em casa já em um consenso. Tiveram um contato.

No quarto, já deitado, Joe ficava repassando mentalmente, todos os detalhes daquela noite. Vencido pelo sono, ele adormece.

167

Capitulo XIII

O presente de Shine

O sonho vem como das outras vezes.
Seu amigo, vestindo um terno impecável, prepara-se para uma importante reunião. Em sua mesa, uma folha de papel, onde ele anota alguns tópicos a serem discutidos.
Joe senta-se em uma das duas cadeiras que ficam em frente à sua escrivaninha.
Em poucos minutos, vai começar a reunião anual com os acionistas, para apresentação do balanço e decisões sobre os investimentos para o próximo ano.
Nesse momento, ele pára de escrever e, com os cotovelos na mesa, apóia o queixo com as mãos sobrepostas e fica pensativo, com o olhar fixo na janela, bem na direção onde Joe está.
Joe, mentalmente, conta a ele sobre sua motocicleta e a conclusão que chegara quanto à quantidade de árvores derrubadas para o consumo de suas indústrias.
Passados alguns instantes, ele pega mais uma folha em uma gaveta e escreve alguma coisa. Sua secretária entra na sala dizendo que todos já o estão aguardando. Ele levanta, e a acompanha.
Na manhã seguinte, todos encontraram-se no café. Naomi e Haylah avisadas por Shine, também estavam lá, aflitas e

curiosas para saberem dos detalhes daquela aventura. Elas estavam inconformadas por não terem participado.

— Eu passei horas pensando... — Diz Joe. — E não consigo chegar à uma conclusão. Nós passamos por uma experiência física. Estávamos dentro do carro indo para um lugar e, em um determinado instante, aparecemos em outro, a 50 km de distância e, com o carro junto. Isso é impossível!

— Impossível na nossa dimensão... — Diz Phill.

Eu acredito que nunca poderemos compreender exatamente com a nossa razão uma ocorrência em uma quarta dimensão por exemplo, pois nós vivemos e raciocinamos somente na terceira, que é a nossa dimensão física.

— E porque não podemos? — pergunta Shine.

— A nossa realidade, a que vivemos racionalmente, — explica Phill. É física e de três dimensões: Largura, altura e profundidade.

Vamos imaginar, que nós vivêssemos em apenas duas dimensões. Largura e altura. O nosso mundo e tudo que conheceríamos, seriam como se fosse um quadro, sem espessura, certo? Um dia, eu chego e digo a vocês que existe mais uma dimensão. Tento explicar mas ninguém entende. Então, pego um objeto em três dimensões, como uma bola, por exemplo, e digo que vou passá-la em seu mundo de duas dimensões para vocês terem uma idéia do que seria um objeto em três dimensões. Imaginem então, uma bola passando por um quadro. Quando terminar a experiência, vocês dirão: — Agora já sabemos! Uma bola, é um ponto que aumenta, em forma de disco e depois diminui.

E isso é uma bola? Com certeza que não. Mas para vocês, é isso que viram.

Nós estávamos em um determinado local. Passamos

para outra dimensão que não tem tempo e nem espaço. Teoricamente, podemos aparecer instantaneamente em qualquer outro local. Como isso é possível? Acho que nunca saberemos.

— Eu não consigo imaginar uma situação sem tempo. — diz Lisa.

Esse é outro paradigma que precisamos quebrar. O do tempo linear.

O tempo linear, acontece somente no aspecto físico, material. Veja bem... Vamos admitir que voce tenha uma essência, desde o início de tudo. Mas sua idade hoje, começou a ser contada somente depois que você nasceu e, portanto, tornou-se matéria. Antes de nascer, voce existia como essencia e o tempo não existia para voce. O tempo linear, é uma característica da matéria, ou seja, dessa dimensão. Se usarmos o modelo holográfico, onde temos projeções de nossa essência em outros planos ou dimensões, podemos concluir que temos a parte física, correndo no tempo linear, e outras partes, em dimensões atemporais.

Por algum processo que desconhecemos totalmente, ao passarmos para outra dimensão, mesmo que fisicamente, estamos sujeitos às leis dessa dimensão. E não da nossa.

— Será que o fato de termos outros aspectos de nossa essência em planos ou dimensões atemporais, explicaria o fenômeno da vidência? — pergunta Lisa.

— Acredito que sim! O vidente, consegue conectar-se À uma de suas projeções em outra dimensão onde, por não existir o tempo linear, tudo acontece simultaneamente.

O interessante, é que todas essas conclusões a que estamos chegando, são devidas ao fato da humanidade estar passando nesse momento por esse processo evolutivo. Elas são

tiradas através de experiências vividas e não de teorias empíricas. Cada vez mais, pessoas absolutamente normais, sonham à noite com alguma situação do seu dia a dia e, em pouco tempo depois, eles se vêem naquela situação, exatamente como a sonharam.
— Está tudo bem... — Diz Joe. — Só tem um detalhe. Nós acabamos de passar talvez, pela experiência mais espetacular de nossas vidas e não temos a mínima noção do que aconteceu.
Todos riem concordando.
— Essas experiências de contatos interdimensionais, só podem ser resgatadas através de uma regressão hipnótica. — diz Phill.
— E porque não podemos lembrar do que nos aconteceu?
— Por falta do tempo linear nessas ocorrências.
— Ok Phill, — diz Joe. — Explique isso como se você estivesse explicando para uma criança...
— Vou tentar. — diz Phill achando graça da maneira de Joe.
O processo de entendimento de uma ocorrência ou situação, tem sempre o mesmo procedimento: Você capta a informação através de seus olhos, que envia a imagem a seu cérebro, que processa a informação, comparando com outros modelos já anteriormente registrados e emite uma conclusão.
Percebam que todo esse processo, leva um tempo, por menor que seja, para ser realizado certo?
Se você estiver em um ambiente sem tempo, você registra a informação, mas o cérebro não tem como processá-la, pois isso levaria um tempo que lá não existe.
No nosso caso, nós estávamos no carro, fomos levados e voltamos no mesmo instante. Passamos por uma vivência, que ficou registrada mas não foi processada. A regressão, serve para processar a informação, coloca-las em uma ordem

cronológica para podermos assimilá-las.

— Se nós não processamos as informações, como podemos raciocinar quando estamos lá? Pergunta Joe.

— Boa pergunta! Diz Phill.

— Nós não raciocinamos. Nosso duplo dimensional, que é a projeção de nossa essência naquele plano, assume o comando.

— Ele também tem cérebro? — pergunta Lisa.

— Ele tem consciência. Lembre-se que nossa razão é física e nossa consciência é holográfica. Ela não é localizada em nenhum lugar físico do nosso cérebro. — diz Phill.

Por ter sido uma experiência coletiva, seria interessante, que nós fizéssemos uma regressão hipnótica isoladamente, em cada um de nós, para podermos saber exatamente o que aconteceu.

— Concordo! — Diz Shine. — Phill fará as regressões, sem que um saiba o que o outro vivenciou. Depois nós as comparamos.

Ficou combinado para o final da tarde. Phill começaria com Joe e depois, Shine e Lisa. Haylah e Naomi participariam nas considerações dos relatos.

Joe resolve ir ao comercio, comprar um pequeno gravador para poder registrar todos os detalhes.

Shine o acompanha. Depois, passariam no mercado central para fazer algumas compras e almoçar.

Phill aproveitaria para levantar dados na web sobre uma palestra que estava preparando e, Lisa e Naomi , vão com Haylah para a escola.

Após comprar o gravador, Shine leva Joe ao "farmer´s market".

O local, é um mercado típico de pequenas cidades, com

uma característica, que cada vez mais vem sendo difundida em várias cidades do mundo. Todos os produtos lá oferecidos, são cultivados sem agrotóxicos, e respeitando o meio ambiente.

Shine escolhera o box de um amigo, o Sr. Taizó que vende verduras, frutas, e tem um espaço reservado com algumas mesas, onde ele serve saladas com hambúrguer´s de soja, famosos entre os freqüentadores de lá.

Ela pede dois pratos, que são preparados pessoalmente pelo dono, que ao ver Shine, deixa o que estava fazendo para atendê-los. Ele sabe das preferências de sua amiga e tem sempre o maior prazer em servi-la.

Em pouco tempo, Taizó chega com o pedido de Shine.

Fazendo uma reverência teatral, ele serve em um prato maior que os convencionais, um suculento hambúrguer de soja e, ao lado, uma salada de verduras, pedaços de frutas e pétalas de pequenas flores coloridas.

Shine aplaude aquela encenação, apresenta-o a Joe e o convida a juntar- se a eles.

Taizó faz um sinal com a cabeça a seu gerente para assumir o comando e aceita, feliz, o convite.

Joe, saboreando aquela deliciosa comida, comenta:
— Eu não consigo entender, como algumas pessoas estão mudando seus hábitos alimentares, trocando uma comida igual a essa, por pílulas e shakes, fabricadas por grandes industrias que prometem, em um marketing de rede, agressivo e massificado, alimentação saudável, emagrecimento, felicidade e sabe-se mais lá o quê.
— É fácil. — Diz Shine. — É que eles , além de oferecer tudo isso que você falou, eles acenam ao novo e incauto consumidor, que caiu em suas malhas, a possibilidade de lucros crescentes, montando sua própria rede.

Tive um amigo que caiu em uma rede dessas, que foi até engraçado. Quando ele entrou, só falava nisso. Seus olhos chegavam a brilhar tamanho era seu entusiasmo, tentando convencer outras pessoas a participar também. Na verdade, ele estava hipnotizado, com o lucro que ele teria em cima do consumo das pessoas que ele convenceria. Com o tempo, percebeu, que ele era o que gastava. A partir desse dia, não tocou mais no assunto.

— É vitima que foi flexada, e pensa que é o caçador.
— Diz Joe não contendo o riso.
— São os zumbís do século 21. — diz Shine completando.
Taizó ouvindo com atenção aquele assunto, dá sua opinião.
— O processo de encantamento dessas pessoas, só é possível devido à um fato...
— Como assim? — Pergunta Joe.
— A falta da energia vital. Toda energia do universo, vem das estrelas. A única fonte de energia do nosso sistema solar, é o próprio sol. Isso todo mundo concorda. Essa energia cósmica, viaja pelo espaço até nós, através da luz, que inunda nosso planeta.

Vocês acham que o cavalo de tração, por exemplo, que come somente capim, de onde ele tira toda aquela energia?

O capim, além de retirar do solo os sais minerais, recebe através da luz do dia, toda aquela energia do universo que o sol distribui gratuitamente para tudo aqui na Terra. E ela energiza todos os aspectos do nosso "eu" e não só o físico.

Eu não sei como isso se processa exatamente. Mas uma coisa eu sei.

Se o sol, é a fonte maior de energia que nós temos e, nós dependemos de energia para sobreviver, de alguma forma, nós temos que assimilar essa energia. Eu prefiro acreditar que essa energia está em uma verdura, porque eu vejo o sol

iluminá-la todo dia. Já uma pílula...
 Joe olha divertido para Shine, lembrando da sua teoria sobre as raças coloridas. Desde que veio do Japão, o Sr. Taizó, cultiva hortaliças e, seus produtos, são considerados os melhores da região.
 Shine adivinhando o que ele está pensando, sorri para Joe.
 Terminando o almoço, eles passeiam pelo mercado. Shine costuma passar horas entre as lojas, que oferecem todo tipo de comida natural, artesanato, bancas de revistas, artigos indianos etc. Ela sempre acha alguma coisa para comprar.
 Joe, empolgado com tantas coisas interessantes, entra dissimuladamente, em uma pequena loja de quadros entalhados em madeira, pensando em presentear Shine.
 As obras, além dos entalhes, eram pintadas com cores fortes, produzindo um impacto visual impressionante. Estrelas em relêvo, planetas, pôr do sol, todos de muito bom gosto. Joe fica um pouco confuso com tantos quadros, até que ele vê, no fundo da loja, uma peça, com o fundo azul com pontos prateados e, em relêvo, uma forma ovalada em amarelo, passando para o laranja e vermelho. Uma mistura de cores com um visual perfeito. Ele o compra e pede à vendedora que o ponha em uma caixa para presente.
 Ao sair da loja, Shine estava à sua procura.
 — Já percebi que você também não resistiu. — Diz Shine carregando várias sacolas.
 — isto é para você! - diz Joe. — É o mínimo que posso fazer por uma pessoa tão especial.
 — Para mim? Não precisava... — diz Shine meio sem graça.
 Mas, a curiosidade feminina fala mais alto.

— Bom... se é para mim... quero vê-lo agora! — Shine vai abrindo a caixa, como uma criança.

Joe a observa. Quer ver sua reação. Em sua opinião, ele comprara a peça mais bonita da loja.

— Não acredito! Que ovo lindo! — diz Shine maravilhada.

— Ovo? Que ovo? — diz Joe meio perplexo e confuso. —

— Ovo!... Isso aqui é um ovo!

Joe olha mais detalhadamente o quadro.

— Não acredito! Com tantos planetas, cometas, naves, eu fui escolher um ovo? Eu achei as cores tão bonitas que não percebi que isso era um ovo. Vamos voltar à loja, e trocar por uma estrela ou um cometa, que é mais apropriado a você.

— De jeito nenhum! — diz Shine agarrando se à peça. — Esse é o presente mais especial e significativo que já ganhei!

— Eu agradeço a sua intenção ao dizer-me isso. Eu juro que não ficarei aborrecido se formos trocar por outra peça.

— Joe... — diz Shine pegando-o pela mão. — Vamos sentar naquele banco que eu quero contar-lhe uma história.

Joe não tem outra opção. Ele obedece meio sem jeito.

— Há dois anos atrás, — diz Shine . — Eu fui ao Peru em uma viagem de pesquisa. Eu queria saber mais sobre a civilização Inca que, na antiguidade, fazia contato físico, abertamente com seus "deuses".

Durante toda história de invasões por outras civilizações, era costume, destruir os templos religiosos dos vencidos e edificar em cima do templo destruído, um outro com a religião dos vencedores.

Quando os espanhóis, invadiram o Peru, foi a primeira coisa que fizeram. Essa era a tática principal para enfraquecer os líderes religiosos locais e por consequência suas reações e de seu povo.

Na cidade de Cuzco, que era o centro da civilização Inca, eles destruíram o templo religioso principal e construíram usando os mesmos alicerces, uma catedral católica imensa e impressionante de tanta riqueza. Os operários que trabalharam na construção, eram todos incas.

Ao término da obra, em uma audiência com o bispo, um dos lideres dos operários, pediu que ele os deixasse colocar uma pequena peça de pedra, que simbolizasse o trabalho feito por eles, para as gerações futuras. O bispo concordou, desde que não fosse nenhum símbolo religioso.

Eles entalharam uma peça e hoje, você pode vê-la, atrás da grande porta principal da igreja. Um ovo de pedra de uns 80 cm de altura.

Esse ovo, é o símbolo principal de seus deuses.

Significa a vida trazida à Terra, por eles. Os religiosos espanhóis, não sabem disso até hoje.

Agora, vejamos o que temos aqui. O fundo azul, com esses pontinhos prateados, é o universo. E, aqui no meio, a vida que vem do cosmos.

O meu trabalho aqui na Terra, é reproduzir símbolos cósmicos para despertar pessoas sintonizadas com o plano. E você, acaba de dar-me de presente o símbolo máximo de nossos amigos.

Eu acho que você, foi o intermediário de um presente dado por "eles"...

Esse foi o melhor presente que eu já ganhei.

Joe conforta-se com aquela explicação e, percebe que está começando a usar a sua intuição. Se soubesse que aquela figura, era um ovo, ele nunca a teria comprado.

Sem perceber o tempo passar, eles continuam conversando até que o celular de Shine toca. Era Phill querendo saber onde eles estavam pois todos os aguardavam para iniciar o processo das regressões que haviam combina

Capitulo XIV

Resgatando informações

Em dez minutos, Joe e Shine já estavam em casa. O quadro, ganhou um lugar de destaque na parede em cima da lareira. Havia ali um espaço vago, como se a vida toda estivesse esperando um quadro, exatamente daquele tamanho.
Estando todos reunidos, Phill toma a frente.
— Conforme combinado, — diz Phill. — Vamos começar com Joe pois, por ser sua primeira vez, a regressão deverá ser um pouco mais demorada. A de vocês, será mais rápida, pois já estão acostumadas.
Os dois vão para o quarto de Joe. Phill fecha as cortinas para diminuir a claridade e facilitar o relaxamento. Coloca uma cadeira próxima à cama, Joe deita e coloca o gravador ao seu lado.
E Phill começa a regressão.
— Vamos agora fechar os olhos, respirar profundamente e começar relaxando lentamente todas as partes de seu corpo. Eu quero que você comece mentalmente a relaxar seus pés... as pernas... subindo para o resto do corpo... a cabeça...
Ok! Eu vou contar até dez e quero que você, à medida que eu vou contando, aumente seu relaxamento. um... dois... três...
Ok! Eu vou agora, começar a voltar o tempo e, tudo que vier à sua mente, por mais absurdo que seja, não tente

interpretar. Apenas relate. Tudo bem?
— Tudo bem. — diz Joe.
— Ótimo! Nós estamos aqui em seu quarto, e eu quero agora que você, mentalmente, vá voltando o tempo para hoje de manhã. O que está vindo á sua mente?
— Eu estou tomando café.
— E o que mais está acontecendo?
— Estamos todos à mesa. Você, Lisa, eu, Shine, Naomi e Haylah.
— Conte-me mais alguma coisa...
— Haylah está brava porque não foi conosco na noite anterior. Ela está dizendo que deveríamos tê-la chamado. Shine desculpa-se dizendo que foi uma resolução de ultima hora e que não houve tempo para avisá-la.
— Ok! É isso mesmo que eu quero que você veja e relate. Conforme eu for perguntando, você deverá falar o máximo que puder pois, quanto mais você falar, mais cenas aparecerão em sua tela mental e mais detalhes teremos para podermos montar essa história. Ok?
— Certo! — diz Joe.
— Agora eu quero que você deixe essa cena, e vamos voltar um pouco mais no tempo. Eu quero que você volte até o dia anterior, quando estamos nos preparando para ir à Flagstaff.
— Estamos ao lado do seu carro. Eu abro a porta da frente para que Lisa possa entrar. Ela está recusando o convite, dizendo que vai atrás com Shine e quer que eu vá na frente ao seu lado.
— Ok... tudo bem... vamos passar mais alguns minutos. O que está acontecendo?
— Estamos na estrada. Apesar de estarmos conversando, eu percebo uma certa ansiedade em todos nós. Eu tenho uma sensação que alguma coisa vai acontecer.

— Entendo... Vamos passar mais alguns minutos...
— Você está contando sobre essa nave que apareceu há tempos atrás em Phoenix. Eu fico impressionado com a história mas não falo nada. No fundo, eu gostaria muito de ter a oportunidade de vê-la algum dia. Estou vendo aqui, que todos têm esse mesmo sentimento.
— É verdade! Eu concordo com você. E o que mais está acontecendo?
— Continuamos no carro. Você parou de falar e estamos todos em silencio. Eu estou pensando no que você estava falando e de repente, começo a ficar um pouco sonolento. Alguns carros vêm em sentido contrario, e a luz dos faróis me incomoda um pouco. Eu fecho meus olhos.
— Tudo bem... Passe mais alguns instantes e diga o que vem à sua mente.

Joe fica em silêncio. Phill espera uns instantes e pergunta de novo.
— O que está vindo à sua mente?
— Eu não estou entendendo.... — diz Joe.
— Tudo bem.. Eu vou contar até três e quero que você relaxe mais um pouco. Não precisa entender o que estiver vendo. Apenas relate o que vem à sua mente. Um... dois... três...
— Bom... Nós estamos no carro... Mas não estamos mais na estrada.
— E onde nós estamos?
— Não sei... Parece um grande estacionamento. O carro está parado. Algumas pessoas estão se aproximando. Elas abrem as portas e nós descemos... Um deles eu conheço... é....

Joe para de falar.
— Pode falar... Quem é essa pessoa?
— É.... É aquele ser que eu conheci no Grand Canyon

Eles estão animados com a nossa presença lá. Vejo que você conhece a pessoa que está a seu lado e Shine e Lisa, também conhecem os outros.

Nós também estamos contentes por estar lá.

— Ótimo! Tudo bem! Eu quero que você aproveite esse momento, e descreva-me mais sobre o local que estamos.

— É uma espécie de estacionamento. Ele é coberto, e o piso é de um material que não conheço. Parece uma mistura de plástico com metal. Ele é grande e muito limpo. Do tamanho de um estacionamento de uma loja de departamentos.

— Ok! Tudo bem! Passe mais o tempo... O que está acontecendo?

— Estamos todos indo para uma das laterais desse lugar... têm várias pessoas... Parecem que estão fazendo alguma coisa... Quando passamos, elas param e nos fazem uma reverência, tipo cerimoniosa... Nós retribuímos mexendo com a cabeça de uma forma respeitosa também.

— Ok! Você está indo muito bem... O que mais está acontecendo?

— Bom... Eu estou falando com o meu amigo, que eu acho que eles se enganaram. Eu não estou à altura do que estamos para fazer.

— E o que você está para fazer?

— Não sei... Só sei que eu acho que ainda não estou pronto.

— E seu amigo? O que ele diz?

—Ele apenas ri...

— Ok! — Phill sorri. Ele sabe bem o que Joe está sentindo.

— E agora? O que está acontecendo? — pergunta Phill.

— Estamos chegando à uma escada na lateral da nave...

— De onde? — pergunta Phill.

Joe fica em silêncio.

— Lateral de onde? Pode falar... não tente raciocinar.

— Eu disse nave? — pergunta Joe ...
— Disse...
— Meu Deus!... — Joe fala pausadamente e fica em silencio por alguns instantes. Ele está vendo a cena perfeitamente em sua mente.
— Estamos em uma nave... e ela é enorme!
— Tudo bem... relaxe... você quer fazer uma pausa?
— Não... tudo bem... podemos continuar.
— Ok... Vamos então passando o tempo bem devagar, para que você possa falar tudo o está acontecendo.
— Nós estamos subindo pela escada. Passamos por uma porta e estamos agora em uma sala, tipo um hall... estão vindo três pessoas... o do meio parece que é mais importante. Ele tem mais idade que os outros dois que estão ao seu lado. Ele tem um andar solene. Ele para à nossa frente e faz uma saudação com o braço direito, levantando a mão à altura dos ombros, com a palma virada para frente. Todos nós fazemos a mesma saudação. Ele também está contente com a nossa visita.
— Você sabe o nome dessa pessoa? Pergunta Phill.
— Sei... não sei... quer dizer... sei, mas não sei como eu sei... — diz Joe meio confuso.
— E como ele chama?
— .... Parece-me que ele.... ele se chama Schmael... Sim! Esse é o nome dele. É o comandante dessa nave.
— Ótimo! Você está indo muito bem... Conte-me mais o que está acontecendo.
— Outras pessoas estão chegando... Eu estou vendo....
Joe para de falar e fica em silencio de novo.
— O que você está vendo? — pergunta Phill.
— Eu estou vendo... Naomi e Haylah junto com essas pessoas que estão chegando. É estranho... elas não estavam conosco e agora estão lá também.,..
— Tudo bem... — diz Phill. Não tente racionalizar. Apenas relate.
— Ok! Nós estamos nos separando. Estamos indo junto

com o comandante, e as mulheres estão indo para outro lado.
Estamos indo para uma sala menor. Ela é toda branca e tem um local com o piso rebaixado onde tem uma mesa e assentos em toda a sua volta. O encosto dos assentos ficam na altura do piso superior. Parece que estamos em uma reunião.
— E sobre o que estamos conversando?
— Ele está dizendo, que finalmente com a minha chegada, o nosso grupo está completo. A nossa atuação, daqui para frente, será bem mais visível e não precisaremos mais fazer as coisas sem entender porque estamos fazendo. Aquela visita, é para tirar toda e qualquer dúvida que ainda tenhamos. Nós estamos, a partir de agora, com a proteção máxima, para que nada possa dar errado. O ciclo de trabalho iniciado em 1988 terminou em 1999 e que agora, daqui a poucos anos, nova atuação se fará, com fenômenos mais visíveis, para que toda a humanidade não tenha mais duvida. O plano está entrando em uma fase mais acelerada e as transformações sociais e políticas na Terra, terão um grande avanço. Nós começaremos a divulgar mais abertamente o nosso trabalho. Nesse momento, as nossas imagens, estão sendo colocadas nas memórias de milhares de pessoas que participam do plano, para que eles, ao nos verem, desencadeiem o processo de conscientização de suas funções. Pessoas que nunca nos viram, irão nos reconhecer na rua e nos pararão para que possamos passar alguma informação a respeito disso.
Eu estou perguntando, porque esse processo de mudança é tão demorado.
— E o que ele está dizendo? — pergunta Phill
— Ele diz, que o mundo já mudou, mas que a maioria das pessoas, por não terem consciência disso, seguram as situações que não deveriam mais existir. O mundo, é aquilo que

acreditamos que ele é. Da mesma forma que a consciência, define a realidade, a falta dela, impede a concretização de uma nova realidade.
— Estou entendendo. Tem mais alguma coisa que ele esteja dizendo?
— Sim. Ele está dizendo que eu tenho que prestar mais atenção às coisas que chegam a mim, pois nada é por acaso. Outro dia eu recebi uma mensagem de um outro integrante ativo do plano e a desconsiderei. Eu não devia ter feito isso.
— Ok! E qual foi essa mensagem?
— Eu não sei.
— Tudo bem... Vamos fazer o seguinte, eu vou contar até três, e você vai voltar o tempo até o momento que você está desconsiderando essa mensagem. Um... dois...
— Eu estou em um cyber, em frente a um computador, lendo meus e-mails.
— E o que você está lendo?
— Minha caixa postal está repleta de e-mails e eu estou sem paciência para ler todos eles. Eu estou deletando um e-mail da empresa Target Co. que é a maior e mais ativa empresa de colocação profissional de altos executivos de toda a California.
— E porque você não deveria ignorar esse e-mail? — pergunta Phill .
—Eu estou vendo aqui, que seu presidente, o Sr. Bob Green, tem uma função muito importante, na parte do plano que eu também estou envolvido.
Ele é um dos responsáveis em colocar nas grandes corporações, executivos totalmente comprometidos com os nossos propósitos. Que eu devo reconsiderar esse meu ato, e entrar em contato com ele.

— Ok! Tem mais alguma coisa?
— Ele está lhe dizendo, que você está certo. A alma é mesmo a memória do nosso DNA. Ele está sorrindo para você. Se você tinha alguma duvida, não a tem mais. Ele está agradecendo a você o seu ótimo trabalho e o comprometimento com o nosso projeto.
— Ótimo! Tudo bem! Fico feliz com isso. Passe mais um pouco o tempo... Tem mais alguma informação?
— Sim... — Diz Joe. Ele está dizendo que, essa noite, eles programaram uma aparição em outra cidade e, como presente, eles nos deixarão em um local para podermos vê-los e poder lembrar do que está acontecendo aqui agora. Sem a visão da nave, nós não faríamos a regressão. Como ele disse no início da nossa conversa, de agora em diante, nós não teremos mais duvidas de quem eles, ou nós... somos.
— Ok! Tem mais alguma coisa acontecendo?
— Nós estamos levantando e nos despedindo. Saímos da sala, e estamos encontrando com as mulheres... elas estão radiantes... estamos indo para o carro.
— Ok... Passe mais alguns minutos.
— Estamos do lado de fora do carro na estrada e vendo aquela enorme nave á nossa frente. Só que eu posso vê-la claramente em todos seus detalhes e não só suas luzes. Estamos todos eufóricos.
— Ótimo! Você foi muito bem... vamos agora avançar lentamente o tempo, deixando essa cena e avançando...
passe mais algumas horas... vamos chegando ao tempo de agora... você está nesse momento aqui na sua cama... são exatamente, 5 horas da tarde. eu vou contar até três, e você ao acordar, vai lembrar tudo o que você relatou. Um... dois... três!

Joe abre os olhos. Ele fica por uns instantes olhando

para o teto com um sorriso nos lábios.

— É impressionante. — diz Joe. — Parece um filme. Você começa a ver os acontecimentos e por mais que você queira, não consegue mudá-los. É tudo muito real.... Incrível!

— É verdade. Um dia todos vão perceber que, trabalhar com as pessoas em estado alterado de consciência, trazem-lhes respostas, que normalmente, levariam anos para serem resgatadas por qualquer outro processo da psicologia tradicional.

Eles saem do quarto e vão para sala ao encontro dos outros.

— Como foi? — pergunta Shine com uma ansiedade que é compartilhada por todos.

— Foi tudo às mil maravilhas. — diz Phill. — Só que Joe não vai contar nada por enquanto. Precisamos checar essas informações com as outras regressões.

— Poxa... Não podemos saber nem um detalhe? — pergunta Lisa, tentando convencer seu marido.

— Não. — diz Phill. — Qualquer coisa que ele diga, pode influenciar nas outras regressões e, depois, sempre ficaremos em dúvida.

— Tudo bem, professor... Você é quem manda... — diz Shine resignada.

Ela é a próxima a passar pelo processo.

Shine vai com Phill até seu quarto e o mesmo procedimento dá-se início.

Phill a conduz até o momento que começa o contato.

— E o que está acontecendo agora? — pergunta Phill.

— Estamos no carro. Lisa está falando alguma coisa e eu estou olhando pela janela vendo as estrelas. A noite está muito bonita.

— Vai passando o tempo bem devagar e conte-me o que está vindo à sua mente.

— Eu não estou prestando muita atenção ao que Lisa está

falando, porque de repente, as estrelas parecem que estão sumindo.
— Como assim?
— Não sei... Parece que o céu lá fora está clareando... Eu acho estranho, e fico tentando perceber o que está acontecendo. Parece que o carro está todo envolto em uma luz. Eu olho para Lisa, e parece que ela está falando em câmera lenta. Olho para Phill e sinto que ele está tranqüilo. Eu também não estou preocupada. Só curiosa.
— Ok. Passe mais alguns instantes.
— Estamos todos fora do carro junto com outras pessoas. Uma delas eu conheço pois já nos vimos outras vezes. Ele está sempre junto a mim. Parece que ele está orgulhoso por eu estar ali.
Eu faço um sinal com a cabeça, como que dizendo. — É... você tinha razão.
— Passe mais alguns instantes... O que está vindo à sua mente?
— Bom... Estou em uma sala. Parece uma sala de aula. Tem uma tela na parede. Ao meu lado está Lisa... Haylah e Naomi também estão.
Elas se divertem pois não imaginávamos que elas também viriam.
Está entrando uma pessoa na sala. É uma mulher... Sua energia é incrível. Dá para ver um halo de luz toda em sua volta. Lembrou-me um quadro de "Nossa Senhora". Ela é muito simpática. Percebo que ela é extremamente amorosa. Quando ela fala, todas nós ficamos embriagadas com suas palavras.
Ela está dizendo que nosso trabalho é muito importante. O despertar da consciência já é uma realidade.
Muitas pessoas vão precisar de nossa ajuda pois, ao

despertarem, começam a sentir certa nostalgia, ansiedade e depressão, por estarem em um mundo totalmente diferente do que elas gostariam. Cabe a nós mostrar-lhes que esse mundo novo já existe. Falta as pessoas acreditarem nisso. Cuidar e entender uma criança índigo, é dever de todos nós. Elas não podem ser bloqueadas com antigos conceitos que ainda estão enraizados na mente dos que não perceberam ainda essa mudança.

Ela pergunta se eu gostei do presente que mandaram a mim.

Eu digo que adorei e que sabia que era enviado por eles.

Agora, nesse momento, está entrando mais uma pessoa na sala e pede que eu a acompanhe. Eu saio e as outras ficam.

— Ok! — diz Phill. — Continue passando o tempo bem devagar e relate tudo que está vindo à sua mente.

— Estou em outra sala. Na parede tem um enorme organograma. Parece que mostra um tipo de organização do plano.

Ele está explicando-me que no retângulo de cima, está o comando central. Depois sai ramificações de vários outros comandos. Cada um agindo em uma área diferente. Posso ver nomes, emblemas, tipos de nave e uniformes.
Ele está dizendo que isso facilitará o meu trabalho.

Eu estou feliz e fico preocupada em memorizar e torcendo para lembrar-me de tudo quando estiver fazendo meu trabalho.

Ele também está feliz e diz que a hora que precisar, ele mandará a mim mais mensagens pois, essa é sua função.

— Ótimo! — Diz Phill. — Passe mais o tempo e vá para a próxima situação importante.

— Estamos todos perto do carro e nos despedindo.

— Ok... mais alguns instantes...

— Estou encostada no seu carro, abraçada com Lisa e Joe, vendo aquela enorme nave.
— Ótimo... Eu vou agora contar até três...
Shine abre os olhos.
— Incrível! — Diz Shine. — Eu nunca vi uma mulher como aquela. — Shine encontra se um pouco entorpecida. Seu relaxamento foi profundo e a volta rápida demais.
— A energia, e a tranqüilidade que ela passa é maravilhosa. Eu estou pensando aqui comigo, sobre todas as aparições marianas relatadas em livros religiosos. Eu tenho certeza que deve ter sido ela a responsável. Para mim, está muito claro isso.
— Eu também acredito. — diz Phill. — Sua energia era tão forte, que eu pude senti-la aqui, ao seu lado naquele momento.
Shine está feliz. Os dois estão de volta à sala.
Pela fisionomia de Shine, todos têm certeza de que a regressão também fora um sucesso.
Phill, pacientemente, continua exercendo sua função e submete Lisa, Haylah e Naomi ao processo.
Ficou claro para Lisa, qual a sua função no plano. Acompanhar e dar estabilidade emocional à Phill, que tem uma parte delicada do programa, que é fazer as conexões dos voluntários com seus merkabahs, fazer regressões e explicar de uma maneira coerente e lógica, essa nova forma de pensar.
Ela também, é a responsável por organizar todas as informações e conclusões que o grupo obtém através de suas vivencias, bem como pesquisar na web sobre os avanços do plano de um modo geral.
Naomi, encontrou-se com um porta-voz do comando central, que disse-lhe que, agora em diante, suas palestras,

seriam elaboradas pelos integrantes da mais alta hierarquia do comando fazendo com que, suas palavras, provoquem nos ouvintes, uma elevação de suas freqüências cerebrais, desbloqueando, dessa forma, informações sobre o plano, gravadas em seus arquivos virtuais.

Haylah , saiu de sua regressão em estado de graça. Ela teve um encontro particular com aquela senhora que dedicou-lhe uma atenção especial. Começou com um agradecimento, pela forma que ela trata as crianças índigo e de seus métodos de ensino. Disse que a partir daquele momento, várias instituições, governamentais inclusive, de ensino tradicional, começarão a ver seu trabalho, não como um método alternativo, mas como um processo criativo e fundamental para uma grande reestruturação no ensino a nível mundial. Ela estava tão emocionada, que teve de ser amparada por todos.

Phill estava exausto mas feliz. Ele sabia que tinha feito, brilhantemente, a sua parte.

Aquele, foi o dia que sempre será lembrado, como o início da fase mais importante do plano, e de suas vidas.

Nessa noite, eles foram ao melhor restaurante da cidade para comemorar. A partir daquele dia, eles tinham uma visão bem mais ampla do plano e, qual a função de cada um.

Após o jantar, saboreando um licor de frutas, Joe aproveita a incansável boa vontade de Phill em tentar explicar as muitas duvidas que ele sempre tinha em sua cabeça, e pergunta:

— Alguma vez, você já pensou em como essas naves conseguem vir de tão longe até aqui à Terra?

— Alguns cientistas, — diz Phill — tentam explicar a possibilidade de viagens interplanetárias através de "worm holes", os chamados "buracos de minhoca" que seriam uma espécie de túneis ou buracos que estariam nesse plano dimensional sem espaço e tempo. Você entra por um buraco desse e, imediatamente, sai em outro lugar a milhares de anos luz de distância.

— Se analisarmos com uma mente mais aberta, — diz Joe. — acredito que isso seria uma explicação. Só não entendo uma coisa. Se entramos em um plano onde não existe distância, teoricamente, sairemos em qualquer lugar do universo. Como poderíamos direcionar a nossa viagem para um determinado lugar?

— Boa pergunta! Talvez a física quântica nos dê uma pista para isso.

Nós concordamos, através dela, que o universo é um campo de infinitas possibilidades que se define com a consciência. Certo? Ao entrarmos em um worm hole, também teremos infinitos destinos...

— Que se definirá com a nossa vontade. — diz Joe completando Phill.

— Claro! Vejo que você já está aprendendo a raciocinar quanticamente. Acredito que a idéia seja esta! Agora... se isso é, ou será possível algum dia..

Já em seu quarto, Joe sentia-se como um jovem que acabara de sair da universidade, com o mundo todo pela frente.

Foram apenas dez dias, que fizeram-no perceber toda a razão de sua existência. A certeza de que, realmente, o ser humano, tem uma função bem mais profunda e especial aqui na Terra.

Como todo bom executivo, Joe pedira a todos, durante o jantar que, ao voltarem para casa e, durante o dia seguinte, pensassem em alguma coisa para que à noite, eles pudessem se reunir e discutirem algumas idéias.

Capitulo XV

Começando a agir

No dia seguinte de manhã, ele manda um e-mail a Bob Green, dizendo que teria um imenso prazer de encontrá-lo oportunamente.

Ele passa o resto da manhã escrevendo o que acontecera nos últimos dias, os novos conceitos que aprendera principalmente com Phill e ordenando em seu notebook, alguns tópicos que, provavelmente, seriam os capítulos de seu livro.

Pensando no teor das informações que está registrando, ele começa a perceber a responsabilidade que lhe foi incumbida.

Quando se trabalha em sintonia e em prol do universo, quanto mais você registra o que lhe vem sendo passado, mais informações são liberadas. O mesmo acontece com suas ações. Ele tem que agir seguindo exatamente sua intuição, para que o cosmos, através do sincronismo, conspire definitivamente a seu favor, fazendo com que, essas ações, alcancem plenamente seus objetivos e desencadeiem outras.

No início da noite, estão todos na casa de Shine.

Após um pequeno lanche, eles acomodam-se na sala e Joe começa dizendo:

— Primeiramente, eu gostaria de dizer que sinto-me honrado e agradecido por estar aqui com todos vocês.

Eu saí de minha cidade para fazer uma viagem sem rumo e sem expectativas, pois era assim que eu me sentia internamente. É difícil você acordar um dia e perceber que, apesar de várias realizações, sua vida não tem um significado mais profundo. As minhas ações, sempre foram direcionadas para o meu bem estar, minhas posses etc. eu nunca havia pensado que no universo, para que haja o equilíbrio, tem que se dar e receber.

Essa visão cósmica da vida que eu passei a perceber depois que encontrei-me com vocês, de que não existe um fato isolado, que está tudo interligado, que temos que fazer a nossa parte para que o mundo seja melhor amanhã, e principalmente, essa conspiração invisível a qual fazemos parte, deu um sentido à minha vida, que vou agradecer a todos vocês até o fim de meus dias.

Vocês conseguiram colocar em minha vida, um ingrediente que hoje, eu tenho certeza, que não conseguiria mais viver sem. A magia.

A magia de conseguir enxergar as coisas como elas realmente são, e qual a nossa função nesse caos aparente que é o mundo em que vivemos.

A partir do momento que você se vê, fazendo parte dessa evolução, com uma função atuante, contribuindo com o plano desse grande arquiteto, podemos realmente nos considerar como filhos e co-criadores. Não teria sentido sermos criados apenas para levarmos a nossa vida trabalhando, comendo, dormindo e vendo tv. Existe uma realidade paralela, que é muito mais real do que a que estamos acostumados a viver.

— Bem vindo ao clube! — diz Shine . — "You can check out any time you like, but you can never leave" — ela canta alegremente um trecho da musica "Hotel California" que Joe tanto gosta. Ela faz uma associação, para dizer que: Mesmo que Joe, após tomar conhecimento de tudo isso, resolver ignorar e voltar á sua vida normal, ele nunca deixará de participar.

— Mais um para contribuir na nossa contagem para atingirmos a massa crítica. — diz Lisa animada.

— De nada. — diz Joe fazendo uma reverência com a cabeça.

— Prometo trabalhar arduamente para atingirmos a massa crítica, seja ela o que for.

Todos riem da forma que Joe se refere a mais esse conceito.

— Parece que o nosso professor deve falar alguma coisa sobre isso. — diz Shine fazendo um gesto teatral em direção à Phill.

— Ok, com prazer! — diz Phill.

— Isso tem a ver com o inconsciente coletivo.

O mundo continua com está porque, a maioria das pessoas, ainda não perceberam as mudanças. As instituições estabelecidas, tentam a todo custo manter suas imagens, para continuarem exercendo o poder que sempre exerceram. Muitas pessoas, assim como nós, estão literalmente, quebrando esses paradigmas e já enxergam a vida e o mundo de uma forma diferente.

Quando atingirmos a massa crítica, ou seja, 50% mais um, haverá uma mudança no inconsciente coletivo e, como em um passe de mágica, o mundo mudará pois, ele já mudou mas as pessoas, ainda não perceberam.

— Pelo que estou entendendo, atingir a massa crítica

é um dos objetivos do plano. Certo? — diz Joe começando a conduzir a reunião.
— Certo! — dizem todos concordando.
— Alguém tem mais alguma coisa a falar sobre objetivos?
— Eu acredito, — diz Phill — que um dos pontos principais disso tudo, é a expansão da consciência.
Expandir a consciência, é enxergar as coisas como elas realmente são. Isso acontecendo, o ser humano começará a agir de uma forma diferente, mudando seus valores, suas prioridades e raciocinando como um ser cósmico. Com isso, ele terá a certeza de que tem alguma função dentro dessa ciranda cósmica e que faz parte de um todo.
Isso é fundamental para que possamos nos integrar ou, talvez, nos re-integrar na comunidade planetária a qual pertencemos.
Lembra-se do cumprimento dos maias? "Eu sou um outro você"?
Se todo mundo pensar dessa forma, as diferenças e as agressões deixarão de existir. O mundo tenderá ao equilíbrio e nós estaremos prontos para resgatar nossa representatividade dentro dessa sociedade universal. Precisamos mostrar que soubemos fazer nossa lição de casa.
— Segundo a Lisa, temos que estar preparados para o nosso "up grade"... — Phill fala acariciando os cabelos de sua esposa.
— Por falar em equilíbrio, — diz Lisa. — Tenho uma notícia que interessa ao Joe.
Pouco antes da nossa reunião, eu estava na web e, na parte de últimas notícias do site que estava acessando, eu li:
"O maior grupo siderúrgico do mundo, acabou de

disponibilizar 10% de seu lucro anual, para um fundo de pesquisa de novas fontes de combustível com o objetivo de nos próximos dez anos, substituir todos os fornos que utilizam carvão vegetal, dando um exemplo que deveria ser seguido por todas as empresas preocupadas com o meio ambiente. A medida, apoiada por todos os acionistas, surpreendeu os analistas de mercado pois, mesmo com uma projeção de lucro menor, as ações do grupo subiram 3 pontos até o final do pregão".

— É sério? Você deve estar brincando! — diz Joe.

— Verdade! Não é a empresa de seu "amigo"? — diz Lisa sorrindo.

— Acredito que sim... é incrível a rapidez de como as coisas acontecem...

— O que você quer dizer com isso? — pergunta Lisa curiosa.

—Nada... Deixa para lá...

— Joe ... — diz Shine retomando a palavra. Na noite que você entrou por aquela porta, eu sabia, no fundo do meu coração, que alguma coisa de especial iria acontecer. No momento que nós todos nos dispusemos a colocá-lo a par de tudo isso, você não só descobriu o que estava passando com você, como também, nos ajudou a completar a nossa compreensão sobre o que nós já sabíamos, mas não em todos esses detalhes. É assim que isso funciona, nós demos, e acabamos recebendo também.

Por sermos conscientes de tudo isso já há algum tempo, nós adaptamos a nossa vida de uma forma, que os nossos afazeres normais do dia a dia, não interferem na execução do plano. Pelo contrario. Eles se complementam. Eu acho que tudo se baseia em estar à disposição, e fazer a sua parte. Nós já estamos fazendo a nossa há algum tempo. Esse é um processo que vem naturalmente. As coisas vão aparecendo e quando você percebe, está envolvido, e trabalhando sem perceber.

— Posso dar uma idéia?. — diz Lisa.

Phill e Shine costumam ir regularmente à Los Angeles. Naomi de vez em quando. Nós deveríamos manter contato para podermos agendar as viagens na mesma época. Assim, poderíamos nos encontrar para trocarmos informações sobre o andamento das coisas.

Todos concordam com entusiasmo.

— Quanto a mim... — diz Joe.

Quando iniciei essa viagem, eu não tinha prazo para voltar. Na verdade, eu saí em busca de alguma coisa que eu mesmo, não acreditava que encontraria um dia. Acabei achando uma coisa muito maior e em um prazo tão curto, que até agora eu ainda não consegui assimilar totalmente. Não vejo mais sentido em continuar viajando.

Eu aprendi, principalmente com Shine, que de agora em diante, não poderei fazer planos e sim, deixar as coisas acontecerem e fazer a minha parte.

Os questionamentos e dúvidas que tinha antes de conhecer vocês, as informações que me foram passadas e as experiências maravilhosas que passamos juntos nesses dias, já é um ponto de partida para que eu comece a fazer alguma coisa. Portanto, pretendo voltar para casa, e escrever sobre isso.

Deverei também entrar em contato com uma pessoa que me procurou por esses dias e, apesar de eu não ter dado importância, eu e Phill descobrimos que devo conhecê-lo.

— Eu percebo, — diz Phill — que as coisas começarão a acontecer de um modo mais acelerado daqui para frente.

— E nós temos o conhecimento e as ferramentas para fazermos a nossa parte. — diz Lisa entusiasmada.

Shine havia colocado, minutos antes, uma seleção de musicas dos anos 60. Haylah vai até a estante, aumenta o volume da musica " If I had a hammer " que começara a tocar.

Era sua última noite em Sedona.

Já em seu quarto, Joe vai à janela, e fica olhando as luzes da cidade perdido em seus pensamentos. O vento frio do deserto trazia um leve odor das flores noturnas. Ele percebe que sentirá saudades dessa sensação, de seus novos amigos e de tudo que passou.

Já deitado, Joe se poe, mentalmente à disposição, e pede que tenha capacidade de identificar todas as situações em que ele tenha que agir em prol do plano, e que faça da melhor forma possível.

Capitulo XVI

A volta

Phill e Lisa saíram logo cedo.

Na mesa do café, uma mistura de sentimentos fazia com que Joe e Shine se comportassem de uma forma diferente dos outros dias.

Apesar dos dias mágicos e intensos que passaram, uma espécie de melancolia pairava no ambiente.

O fim do casamento de Joe, o havia deixado com várias feridas ainda não totalmente cicatrizadas.

Shine, depois de seu ultimo relacionamento ainda em Los Angeles, decidira colocar em suas prioridades, seu trabalho e sua atuação dentro desse plano maior, e jurara que não iria mais se aproximar de nenhuma pessoa que não entendesse e não vivesse tudo aquilo que ela estava passando. Ela estava cansada de ser chamada de maluca.

O silencio estava começando a incomodar.

— Adorei essa geléia! diz Joe tentando mudar o clima.

— Pode levar! Ela é feita pela vizinha aqui do lado. Ela adorará saber que um hóspede fez questão de levá-la. — diz Shine pegando um pote fechado no armário.

— Está tudo OK com sua moto?

— Claro! Tudo em ordem...

Definitivamente, eles não estavam conseguindo disfarçar seus sentimentos.

Joe evitava olhar para Shine temendo que ela percebesse o que se passava em sua cabeça.

Shine olhava para Joe e quadros estranhos vinham como flashes em sua mente. Ela se via ao lado dele em situações que não haviam passado, com paisagens de lugares longínquos com roupas de outras épocas. Era como se eles sempre se conhecessem.

Em um dado momento, seus olhares se encontram e eles começam a rir.

— Joe! ... Pare de rir. Eu fico triste em despedidas. — diz Shine percebendo que seu riso iria terminar em chôro.

— Mas você também está rindo.

— É verdade! mas você quem começou...

Aquele riso dos dois, fez com que aliviasse aquela incômoda tensão.

— Shine. Você não imagina, o quanto você foi, e é especial para mim. Eu experimentei ao seu lado, sentimentos de uma forma que eu não acreditei que pudesse existir. Você entrou em minha vida de uma forma definitiva. Eu não consigo imaginar-me, passando por outras situações como as que passamos aqui, sem que você esteja a meu lado, me acompanhando e dando sua opinião a respeito.

Outra noite, eu estava pensando, e cheguei à conclusão, que a minha vida, foi uma sucessão de situações que foram me moldando e, quando fiquei pronto, eu toquei a campainha de sua casa. Eu tenho certeza que naquele momento que você abriu a porta, as estrelas, brilharam com mais intensidade, pois eu vi o reflexo delas em seus olhos. — Shine se emociona com a sinceridade e beleza das palavras de seu amigo.

— Joe, eu tenho um pressentimento, que nossa história não acaba aqui. Eu não saberia explicar. Mas alguns dias antes de você passar por aquela porta, eu já sentia sua presença aqui, e meu coração batia mais forte. Quando o vi, a minha vontade era de dizer: Poxa! Até que enfim nos reencontramos. Mas, eu não falei, para não assustar você.

— Fez muito bem! Eu iria ficar mais assustado do que já estava. — diz Joe sorrindo

— Acho que nós dois, — continua Shine — ainda não estamos prontos. Mas, o simples fato de sabermos da existência um do outro, irá apressar esse processo. Você pode ir para qualquer cidade do mundo, que eu vou senti-lo aqui ao meu lado. E sei que será recíproco.

O principal objetivo desse plano que estamos envolvidos, é ensinarmos o amor. Não esse amor a que estamos acostumados, cheio de cobrança, de julgamentos, de exigências, mas o amor pleno, incondicional, que transcende a matéria. Esse amor, que um dia seremos capaz de sentir, um pelo outro, fará com que nossos universos se completem em todas as dimensões.

Eu me sinto a mulher mais feliz do mundo, por ter estado a seu lado durante esses dias que, com certeza, mudaram nossas vidas.

Nesse momento, o telefone toca.

Shine atende. Era do seu escritório, avisando que estavam mandando um material para que ela estudasse algumas alternativas para uma campanha publicitária. Era a primeira vez que estavam ligando, desde a noite que Joe chegara.

Já na porta, eles se abraçam longamente. A vontade de Joe, era de dizer tudo o que estava sentindo em seu coração.

Mas se conteve. Ele sabia que teria outra oportunidade para isso, em pouco tempo.

Durante todo o trajeto de volta, Joe sentia-se totalmente renovado. Ele entendera exatamente como se dá o processo, que desencadeia as oportunidades que aparecerão em sua vida. Ele não tem idéia do que o destino lhe reservará. Mas está ansioso para que chegue logo e ele possa fazer sua parte, da melhor forma possível.

Ele programara passar uns dias em Los Angeles, aproveitando para encontrar-se com Bob Green, caso ele não estivesse em uma das suas muitas viagens ao redor do mundo.

A viagem até Los Angeles, transcorreu sem nenhum contratempo. Joe se hospeda no mesmo hotel em Santa Mônica e, depois de uma noite de sono profundo, estava pronto para mais um capítulo de sua "viagem fantástica".

Quando de sua chegada, ele pedira à telefonista do hotel, que, por volta das dez horas da manhã, ligasse para o escritório de Bob.

Na hora marcada, o telefone toca em seu quarto.

— Sr Campbell? Quem fala aqui é Mira Davis. Sou a secretaria do Sr. Green. Bom dia! O Sr. está aqui pela nossa cidade? Espero que esteja aproveitando bem essa visita.

— Está tudo bem... Eu tive um contato com o Sr Green por email, e gostaria de saber se ele estaria disponível para podermos nos encontrar.

O Sr Green, está em uma reunião fora da empresa. Porém, ele deixou ordens expressas para caso o Sr. ligasse, eu deveria marcar um encontro na hora que melhor lhe agradasse.

O Sr está com tempo disponível hoje?

— Estou. — diz Joe.

— Ótimo. Tenho certeza que o Sr Green, irá apreciar sua visita para um almoço. Ele deverá estar de volta às 13:00 hs.

Nós estaremos lhe aguardando.
— Obrigado. — diz Joe praticamente intimado. Estarei aí às 13:00 hs.
Antes de sair para o encontro com Bob, ele liga para Marita e deixa um recado em sua secretaria eletrônica, dizendo que estava na cidade.
Joe é pontual. Sentado em uma confortável poltrona na ante-sala do gabinete de Bob, ele não sabe exatamente, o que irão conversar. A Target, é uma empresa que trata exclusivamente de procurar e contratar altos executivos, para empresas de grande porte. A ultima coisa que ele estaria procurando nesse momento de sua vida, seria um trabalho em alguma empresa como a dele. Porém, devido às informações que ele havia resgatado em sua regressão, ele não poderia deixar ao menos de conhecê-lo.
A porta do elevador privativo se abre. Um homem em um terno impecável, aparentando seus 50 anos, cabelos grisalhos e pele bronzeada de sol, anda, apressadamente, em direção a Joe.
— Joe Campbell, presumo!... — diz com um sorriso aberto estendendo-lhe a mão.
— Prazer em conhecê-lo. — diz Joe cumprimentando-o.
— É um prazer recebe-lo em nossa empresa! Desculpe-me por não estar aqui lhe esperando.
— Não se preocupe com isso. Cheguei há pouco tempo.
— Ótimo! Vamos ao meu gabinete. Creio que temos alguma coisa a conversar.
A sala de trabalho de Bob era ampla e com vista para a enseada de Long Beach, onde podia-se ver o navio Quenn Mary, ancorado.
Construído nos anos 30, o Queen Mary, fora o maior e o mais conhecido transatlântico daquela época. Era o preferido

da alta sociedade, principalmente da Europa e da América do Norte, em suas viagens ao redor do mundo.

Após a segunda guerra mundial, com o desenvolvimento da industria da aviação, esses grandes navios foram, aos poucos, sendo desativados. Hoje, o Queen Mary, descansa definitivamente, eu um píer, especialmente adaptado, onde pessoas podem hospedar-se com todo o luxo e requinte daqueles anos dourados.

— Uma bonita vista você tem aqui. — diz Joe aproximando-se da janela.

—Eu adoro essa vista! Às vezes, fico olhando para aquele navio, pensando em como deveria ser a vida de negócios naquela época em que o mundo não andava tão rápido como hoje. Naqueles anos, os passageiros do Quenn Mary, homens de negócios, em férias com suas famílias, passavam semanas, sem contato com suas empresas. Isso é quase impossível hoje em dia. E não são mais que 60 anos atrás.

— Verdade! O tempo está muito acelerado. Com o fenômeno da globalização, trinta dias são suficientes para virar o mundo de cabeça para baixo. — diz Joe.

— Como você deve imaginar, minha vida é um pouco cheia de compromissos. Temos um refeitório no último andar mas, hoje, pedi para servir nosso almoço aqui pois quero aproveitar para podermos conversar mais à vontade. Eu tenho algumas idéias na cabeça, e gostaria de ouvir sua opinião.

— Claro! Por mim está ótimo.

Bob oferece um lugar à mesa para Joe, pega uma jarra de água no frigobar, senta à sua frente e fala:

— Infelizmente, não conheço a fundo a maneira que você trabalha. Mas sei que sua empresa, sempre foi referência em exemplos de boa gestão, agressividade e competência em aproveitar as oportunidades de mercado.

Você sabe que nossa empresa, é também, uma das líderes de mercado em identificar bons empresários.

Nós sempre tivemos um método de avaliação de possíveis candidatos, desenvolvido por meu pai há vários anos, que é a razão principal de nosso sucesso. Ele leva em conta principalmente, o lado racional e a competência em gerenciar crises.

De uns tempos para cá, eu comecei a questionar esse método. Não que ele esteja errado, apenas, eu acho que o mundo está mudando e temos que acompanhar essas mudanças. Esse capitalismo selvagem, está levando o ser humano a um beco sem saída. Temos que fazer alguma coisa.

Não podemos mais, deixar nas mãos de políticos e autoridades inoperantes, a condução da sociedade no que diz respeito à evolução para um mundo melhor, pois estamos caminhando em sentido contrário.

Outro dia, assisti uma reportagem, onde integrantes de um grupo ambientalista radical, acorrentaram-se aos portões de uma fábrica que descartava lixo tóxico, perto de um manancial hidrográfico.

Vi jovens, da idade dos meus filhos, arriscando suas vidas para salvar a natureza. E nós? O que fizemos? Nada. A nossa geração, estava muito ocupada ganhando dinheiro e construindo bombas.

Comecei a pensar, em uma maneira de também participar. Eu não tenho mais idade para engrossar as fileiras desse exército e bater de frente contra o sistema, acorrentando-me em frente a uma usina atômica, ou escalando uma chaminé que expele grande quantidade de dióxido de carbono. Mas posso usar tudo que sei e faço, combatendo de uma forma mais sutil mas, nem por isso, menos letal.

Joe ouvia tudo com a maior atenção, e podia-se notar um certo entusiasmo brotando dentro dele.

— O objetivo, é combater esse sistema estabelecido, dando lhe consciência, certo? Vamos então, injetar essa consciência, através de uma contaminação viral, agindo nas entranhas do sistema até chegar em seus órgãos vitais.

Imagine que eu coloque nos pontos chaves de grandes empresas, executivos extremamente competentes, escolhidos minuciosamente, que ajam com consciência de responsabilidade social e não agressão ao meio ambiente, sem comprometer seus lucros. Aos poucos, eles irão fazendo prevalecer suas idéias, dando exemplos, até que, chegará o momento, que outros funcionários começarão a pensar da mesma forma, e a mudança se consumará.

— A idéia é fantástica. Mas parece difícil pois são características antagônicas. — diz Joe.

— Difícil mas não impossível. Tem que haver um meio.

Preciso desenvolver um novo método de avaliação de candidatos, que leve em conta a consciência holística, a intuição, sem comprometer as outras qualidades.

Eu vou lhe dizer uma coisa, que não sei como você vai interpretar. Mas como sou uma pessoa objetiva, não vejo razão para lhe omitir isso.

Pouco tempo atrás, eu estava em casa, e fui dormir pensando em como eu poderia desenvolver esse método. Pensei em formar uma equipe de trabalho, expor o tema e discutir a respeito. Não é uma coisa muito fácil, achar pessoas que entendam exatamente o que eu quero fazer. No dia seguinte, no instante que acordei, estava ainda na cama, de olhos fechados, ouvi claramente, uma voz dentro de minha

cabeça, que dizia:
— Joe Campbell .
Eu levei um susto! Estava só em meu quarto. Eu não sou louco... Eu realmente ouvi uma voz falando seu nome.
Apesar de eu não ser sensitivo, algumas vezes em minha vida, aconteceu de eu ouvir vozes. Geralmente, quando estou só, distraído, eu penso que alguém falou meu nome, ou alguma frase que eu não entendo pois quando percebo que estou ouvindo, a voz cessa e eu não consigo captar a mensagem. Mas naquele dia, a mensagem foi clara. Eu ouvi perfeitamente o seu nome. Confesso que fiquei um pouco assustado.
Depois de pensar alguns minutos e não chegar a nenhuma conclusão, levantei-me, tomei um banho e me vesti.
Quando estava tomando meu café, abri o jornal e aí levei um susto maior. A primeira coisa que eu li, foi uma matéria com seu nome, dizendo que você tinha se desligado de sua empresa. Aquilo mexeu comigo. Meu coração acelerou.
Eu já ouvira falar de sua empresa e sabia que você existia. Porém, nunca falei ou tive alguma conversa, em que seu nome tenha sido mencionado. Achei aquilo muito estranho. Na mesma hora, veio em minha mente, o meu projeto. Pensei: será que essa pessoa, poderia ajudar-me? Como eu sempre segui minha intuição pois, acredito que devemos estar sempre atentos a sinais que, sem nenhuma razão aparente nos apresentam, decidi mandar-lhe aquele e-mail.
Hoje, quando vinha para encontrar-lhe, estava decidido a não lhe falar nada a respeito disso. Esse é o nosso primeiro encontro e eu não gostaria que você me achasse uma pessoa esquisita. Ocorreu que, poucos minutos depois de vê-lo, eu senti como se fôssemos velhos amigos. Por isso, resolvi lhe contar.

— Não se preocupe com isso... — diz Joe sorrindo — Eu entendo muito bem esse tipo de situação. Não foi por acaso que você entrou em contato comigo. Eu não poderia explicar-lhe exatamente como isso ocorreu, mas posso talvez, explicar-lhe o porquê.

Imagine que tudo isso que você está pensando ultimamente, não seja um fato isolado. Vários outros empresários, pessoas como você e eu, estão pensando da mesma forma. É uma espécie de pensamento coletivo tão forte, que formou uma corrente, que está começando a se tornar realidade, manifestando-se fisicamente.

Apesar de Joe ter certeza de que Bob também faz parte do plano, ele procura colocar as palavras, de modo que ele não perceba pelo menos, por hora, a verdadeira extensão desse plano que, a cada dia que passa, Joe se surpreende com a complexidade e perfeição com que ele está sendo executado.

— Eu acredito, — continua Joe — que, apesar dessa corrente estar se tornando real, somente as pessoas que tiverem alguma atuação, assim como eu, você e outros que também tem esse pensamento, saberemos em um primeiro momento. Para mim está claro, que você começará um trabalho, que mudará o rumo de sua vida.

Eu quero também que você saiba, que só lhe respondi seu e-mail, depois que recebi uma sugestão, de uma forma parecida com a sua, em lhe procurar.

— Isso é incrível! — diz Bob atônito e ao mesmo entusiasmado com o relato de Joe.

— Essa rede... É uma espécie de organização? Precisa se filiar?

— É mais que isso! Mas não se preocupe pois, acredito que você já está associado... — diz Joe achando graça.

Veja bem! Todos aqueles, que percebem que o ser humano, pela sua visão distorcida da realidade, está caminhando para sua auto-destruição. Já é um candidato à essa rede.

A partir do momento que ele começa agir para, de alguma forma, mudar esse destino que me perece inexorável, automaticamente, ele já estará fazendo parte dela.

No momento que você quis me conhecer, obedecendo a sua intuição e pensando já em fazer alguma coisa concreta nesse sentido, você assinou sua ficha de filiação. E agora as coisas vão começar a acontecer.

Eu lhe digo: Você não sabia exatamente por que me chamou, mas eu sei por que vim.

Vim aqui para dizer-lhe que você não está só. Você agora, faz parte, assim como eu, desse grupo de pessoas, que estão totalmente envolvidas nesse tipo de atuação que você sonha há muito tempo e que está se tornando realidade.

— E vocês poderão me ajudar nessa idéia? Pergunta Bob ansiosamente.

— Claro! Essa sua idéia, é uma das peças fundamentais desse jogo. Infelizmente, eu estarei ocupado nos próximos meses, justamente escrevendo sobre essa rede, que muitas pessoas, assim como você, estão começando a perceber que alguma coisa está acontecendo, e que chegou a hora de agir.

Acredito, que antes de começar alguma coisa, você deva inteirar-se mais profundamente nessa espécie de movimento, para entender que esse processo, chegou em um estágio, que não tem mais como ser contido.

— Eu percebi pelas fotos e quadros da sua sala, que você gosta de velejar...

— É meu hobby predileto. Diz Bob.

— Então, você vai fazer uma coisa. Tire alguns dias de férias e..., esqueça de seu veleiro, e vá fazer um passeio no deserto. — Bob acha graça do jeito de Joe.

Eu vou lhe dar o endereço de uma pousada em Sedona, e você vai passar alguns dias com uns amigos meus, que lhe colocarão a par disso tudo com mais detalhes.

Eles têm alguns projetos desenvolvidos, e saberão entender exatamente o que você precisa, e ajuda-lo da melhor forma possível para que sua idéia comece a se tornar realidade.

Eu vou telefonar à minha amiga Shine, contar sobre nossa conversa, e ela vai saber o que fazer. — Joe tem certeza que seus amigos farão suas partes.

— Esse nosso encontro, foi muito além de qualquer coisa que eu poderia pensar. Nunca imaginaria que poucas horas de conversa, pudessem mexer tanto comigo. — Bob está sendo sincero.

Apesar de não conseguir pensar em férias, longe do meu veleiro, vou reorganizar meus compromissos para que no máximo em duas semanas, possa seguir seu conselho e conhecer seus amigos.

Porém, tem uma condição que eu não abro mão! Amanhã é sábado, e você está convidado a dar um passeio em meu veleiro.

— Não tenho como dizer não. — diz Joe amigavelmente.

— A marina, é essa que podemos ver daqui. Se quiser convidar mais alguém, será bem-vindo. Às 9:00 hs da manhã está bom para você?

— Está ótimo! – diz Joe levantando-se e despedindo-se do seu novo amigo.

210

Capitulo XVII

Chegando em casa

O último fim de semana que Joe passara em Los Angeles, fora agradável e proveitoso.
O passeio no veleiro de Bob, estendeu-se até o domingo. Joe levara Marita que, com sua simpatia e suas colocações sobre vários assuntos, deixou Bob tão impressionado, que ele não sossegou enquanto Marita não prometesse que iria visitá-lo o mais breve possível para que pudessem estudar um meio dela colaborar com sua empresa e seu novo projeto. Bob já o estava considerando, como o mais importante de sua carreira profissional.
Apesar de Black estar na cidade, Joe não o procurou. Ele ainda não estava pronto, para dizer-lhe alguma coisa.
Saindo de Los Angeles por uma via expressa, na segunda feira à tarde, Joe já estava em casa.
Após deixar a moto na garagem, Joe entra em sua casa. A decoração contemporânea, projetada por um dos mais caros arquitetos do país, sempre foram motivo de admiração por parte de seus amigos. Joe lembrando-se da casa de Phill e da pousada de Shine, sente saudades. Definitivamente, aqueles últimos dias, haviam mudado inclusive suas preferências sobre beleza, estética e conforto. Aquela decoração, realmente, não fazia mais o seu estilo.

A geladeira estava vazia. Pegando seu carro e dirigindo em direção ao supermercado, a lembrança de Shine não lhe saía da cabeça. Aquela tarde que passaram juntos no farmer´s market, parecera um sonho e ficara gravada de forma definitiva em sua memória. Ele muda seu itinerário para o mercado de produtos naturais, que fica do outro lado da cidade.

De volta à casa, Joe pega a pilha de jornais, cuidadosamente arrumados em um aparador na parede da copa por Dna. Lupe, que trabalha em sua casa desde sempre...

Ele prepara um pequeno lanche, senta-se à mesa e fala para si em voz alta:

— É Joe...! O sonho acabou! Voltemos à nossa velha realidade.

Ele começa a ler distraidamente a primeira página de cada exemplar.

Nesse momento seu coração acelera e sua mente passa para o estado de alerta.

No primeiro jornal, que ele estende à sua frente, uma notícia que em outros tempos teria uma importância relativa, chama sua atenção. Uma das mais famosas apresentadoras de tv líder de audiência de costa à costa do país, visitava as obras de um complexo educacional para crianças carentes na África do Sul que, a um custo aproximado de 40 milhões de dólares, foi totalmente financiado por ela.

Na edição seguinte, uma longa entrevista com Muhammad Yunus, prêmio Nobel da Paz que, contrariando todos os fundamentos teóricos da economia, fundou, na Índia, um banco somente para emprestar dinheiro com juros baixos às pessoas pobres pois, segundo ele, nunca teremos paz enquanto existir pobreza. Seu banco já contabilizava, até essa data, mais de 100 milhões de empréstimos e estava em plena expansão.

No próximo, uma matéria sobre o aumento de adoções de crianças carentes no mundo todo, devido ao exemplo dado por artistas e personalidades do show bizz, que estão adotando crianças órfãs em países com os mais baixos índices de qualidade de vida do planeta.

No mesmo instante, ele lembra daquela reunião na nave, onde ele ouve de Schamael que as mudanças já estavam acontecendo, mas que as pessoas não estavam tendo consciência que era um processo orquestrado. Ele agora, estava percebendo isso perfeitamente. A sociedade consciente está começando a tomar as rédeas. E as autoridades estão ficando de fora.

... " E eles vão afundar como uma pedra
Porque os tempos estão mudando"...

— Joe canta em voz alta. — Bem que Bob Dylan avisou...! mas, eles não tomaram conhecimento...! — ele fala sozinho, com um ar de felicidade em seu rosto.

Nesse momento, ele pensa em Black. Estaria seu amigo preparado para ouvir tudo que ele havia descoberto? Ele acredita que não.

Joe não quer perder mais tempo. Ele leva seu notebook para o escritório, limpa algumas gavetas, pega aquele calendário antigo com a frase "just do it " que estava em uma parede lateral e o pendura bem em frente à sua mesa.

Está tudo arrumado para, no dia seguinte logo cedo, começar a sua nova atividade como escritor.

Finalmente, ele encontrara uma função que, apesar de ser ínfima em relação à magnitude do plano, irá lhe trazer uma satisfação, até então nunca sentida, em tudo que ele já havia feito em sua vida.

Joe acorda cedo. Sentado em frente ao computador, ele não sabe o que fazer. Por não ser escritor, ele não tem idéia por onde começar.

Ele escreve o título que junto com seus amigos, já havia decidido.

" Diário de uma viagem fantástica "

Tentando organizar sua mente, ele percebe que o jeito mais fácil, seria começar fazendo um histórico de sua vida, desde a infância, até o dia do seu desligamento da empresa, e o início dessa pequena viagem.

Conforme ele vai escrevendo, ele percebe que as passagens mais marcantes em sua vida, sempre estão ligadas de alguma forma ao conhecimento.

Ele lembra de seu primeiro dia de escola, dos seus professores e quase nada sobre seus colegas de turma. Joe sempre fora um garoto solitário e sua mãe dizia que seu amigo invisível lhe bastava.

Sua primeira visita ao museu, ainda está viva em sua memória. Após a apresentação no planetário, ele foi tomado por uma emoção que sente até hoje.

A segunda parte do livro, ele falará sobre suas insatisfações, algumas reflexões sobre o sentido da vida e sua decisão de parar tudo, apesar de aparentemente ser uma pessoa bem-sucedida e servir de exemplo para jovens que estão começando em sua vida profissional.

Ele deixa essa parte para ser feita depois e começa a escrever sobre a última e principal parte, que são suas experiências vividas desde que saiu de casa em sua motocicleta. A mudança de realidade, os encontros interdimensionais, e o conhecimento do plano que está em andamento.

No momento que ele começa a descrever exatamente, o que ele passou, tudo o que ouviu, e as estórias e funções de seus amigos, ele começa a se preocupar.

Nem tanto pelas suas experiências, mas pelo teor das revelações que ele teve acesso, ele percebe que será muito difícil as pessoas aceitarem essa história como verdadeira.

Ele não consegue encontrar nenhum meio menos fantástico para dizer o que ele passou.

Joe pensa em desistir.

Ele começa a ler sua história, se colocando na mente de um leitor hipotético. Está difícil de acreditar no que está escrito. As informações que ele tem são muito importantes para serem interpretadas de uma forma leviana. Seu livro, seria mais um dos tantos que já existem, mas, que não são levados muito à sério, estando fadado a ficar esquecido em alguma estante na seção de livros new age.

Ele chega à conclusão que não pode publicar um livro de depoimentos pessoais, com tanta " fantasia ".

Ele não sabe o que fazer e, nesse dia, vai dormir desanimado.

O sonho é igual das outras vezes.

Ele está de volta ao Gran Canyon, naquela ravina, em frente às pinturas rupestres do povo Hopi.

Seu amigo está a seu lado.

Ele está falando sobre a dificuldade que as pessoas, tem, em acreditarem numa realidade que foge ao seu racional.

Ele fala das mitologias ao redor do mundo que, apesar de estarem somente no imaginário das pessoas como lendas, o simples fato de existirem, é a prova que foram realidade em alguma dimensão ou tempo...

Essas estórias, são verdadeiros aprendizados, que ficam registrados para que sirvam de exemplo. Se as pessoas não acreditam como verdade, não importa. O importante, é elas refletirem sobre isso.

Ele está confiante, pois sabe que Joe conseguirá fazer o seu trabalho.

Joe acorda decidido. Ele não dará seu livro à esposa de Black.

Ele senta em frente ao computador e recomeça a escrever com toda a sua vontade.

Ao cabo de dois meses seu trabalho está pronto. Sua tarefa está cumprida.

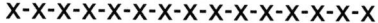

x-x-x-x-x-x-x-x-x-x-x-x-x-x-x

Sedona amanhece com o sol dando sinais que o dia será quente.

O telefone toca na escola.

— Haylah? É Lisa! Tudo bem?

— Lisa! Tudo ótimo!... Já estão de volta? Estava com saudades! Como está Phill? Conte-me de sua viagem..

— Tudo ótimo...! Phill e eu adoramos! Você nem imagina... Phill parecia que estava no paraíso. Foram seis semanas, em que ele passava o dia todo em reuniões e conferências com pessoas que conjugam as mesmas idéias. Ele diz que temos que nos reunir para ele poder passar o que ouviu, e as novas conclusões que chegaram...

Cadê a Shine?

— Pelo que sei, até a semana passada, Shine e Joe estavam cruzando do moto o Vale Sagrado no Peru. Ela mandou-me uma foto pelo seu celular.

— Nossa! Que legal...! — diz Lisa entusiasmada e contente por sua amiga.

— Acabei de comprar o livro de Joe. Eu não entendi uma coisa: Ele ia escrever um depoimento pessoal sobre suas experiências, tipo um diário. Mas acho que não foi isso que ele fez...

— É verdade...! Parece que houve uma pequena mudança em seus planos.

— Será que ele fala da gente?

— Você vai ler...

— Assim que esses dois malucos chegarem, vamos marcar uma reunião em Los Angeles com todo mundo.

— Claro!... Com certeza! e você vai conhecer mais alguns integrantes do nosso grupo, que você vai adorar.

— Ótimo...! diz Lisa. Vou desligar que quero começar a ler o livro agora. Um beijo!

— Outro!

De manhã, Dna Lupe, coloca mais um jornal no aparador, à espera de seu patrão, que está viajando em lua de mel com sua nova patroa.

Na primeira página, uma chamada avisando de uma matéria no suplemento literário.

É sobre um livro que, por suas ideias e conceitos, está dando o que falar. Apesar de ser lançamento, já está nas listas de mais vendidos em algumas redes de livrarias.

É um livro de ficção chamado:

" Conspiração cósmica " escrito por Joe Campbell.

No radio da cozinha, Bob Dylan continuava avisando: " The times, they are a changing...